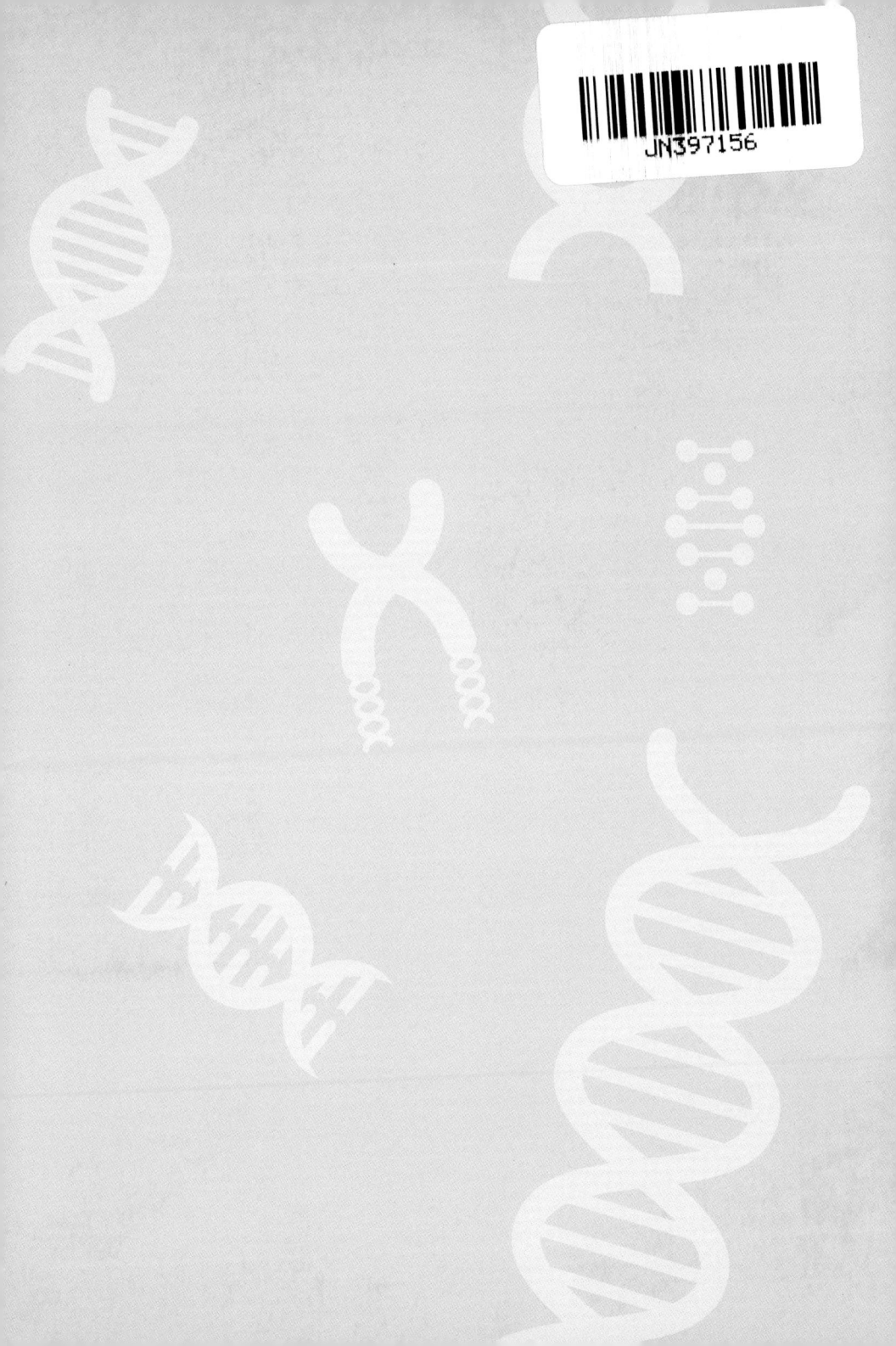

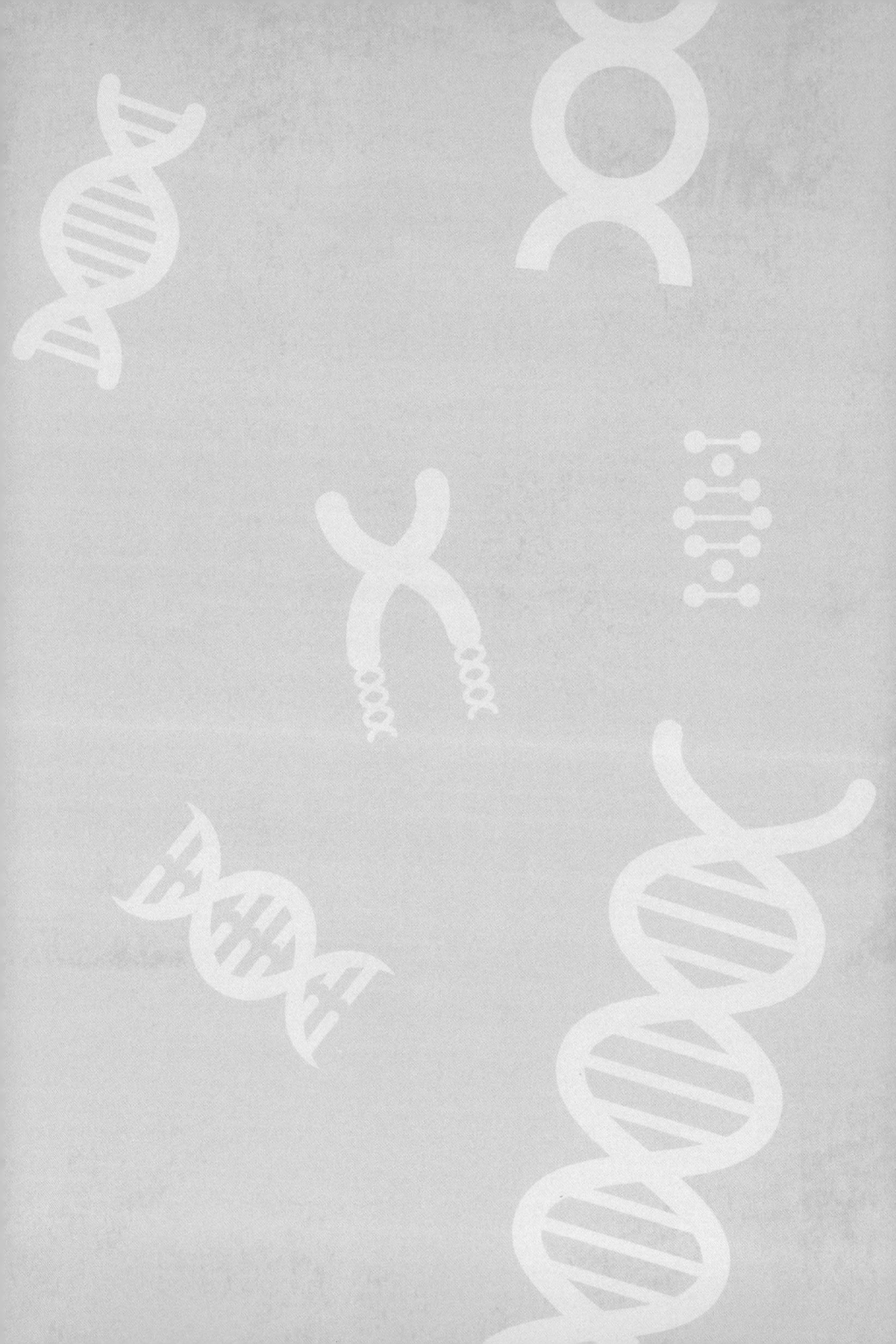

여성 유전학자 바버라 매클린톡의 생각

옥수수를 관찰하세요

일러두기

인물의 생각과 가치관을 잘 전달하기 위해 다큐멘터리 형식에 맞춰 원서의 일부 내용을 다듬고 새롭게 구성하였습니다.

Original title: Pannocchie da Nobel – Storia e storie di Barbara McClintock
Text by Cristiana Pulcinelli
Illustrations by Allegra Agliardi
Scientific research by Ilaria Canobbio

© 2012 Editoriale Scienza S.r.l., Firenze-Trieste
www.editorialescienza.it
www.giunti.it

All rights reserved.
Korean translation © 2019 BookInFish

이 책의 한국어판 저작권은 Icarias Agency를 통해 Editoriale Scienza S.r.l.과 독점 계약한 책속물고기에 있습니다. 저작권법에 의하여 한국 내에서 보호를 받는 저작물이므로 무단 전재와 무단 복제를 금합니다.

여성 유전학자 바버라 매클린톡의 생각

옥수수를 관찰하세요

크리스티아나 풀치넬리 글 | 알레그라 알리아르디 그림 | 김현주 옮김 | 송기원(연세대학교 교수) 추천

책속물고기

추천하는 글

가장 과학자다운 과학자, 바버라 매클린톡!

우리가 보통 무언가를 아주 잘하는 사람을 말할 때, 그 사람은 재능이 있다고 하지요. 여러분은 재능이 무엇이라고 생각하나요? 나는 어떤 어려움 속에서도 자신이 재미있다고 생각하는 일을 포기하지 않고 계속할 수 있는 끈기와 열정이 재능인 것 같아요.

이런 면에서 보면 '바버라 매클린톡'은 정말 과학에 재능이 있었던 인물이지요.

> **과학자의 힘, 연구를 즐기고 사랑하는 것**

과학자는 멋져 보이지만 사실 과학적 사실을 알아내기 위해 연구하는 과정은 여러 가지로 쉽지 않아요. 연구는 중간에 멈출 수 있는 것이 아니라 매일매일 하루도 쉬지 않고 계속해야 해요. 또 과학은 대부분 관찰과 실험을 통해 새로운 사실을 알아내고 증명해 내는 학문이므로 머리뿐 아니라 몸도 피곤하고 힘들 수 있어요. 내가 아닌 내가 연구하고 있는 대상의 시간에 맞추어야 하거든요.

그렇다면 과학자들은 이렇게 쉽지 않는 과정을 어떻게 평생 계속할 수 있을까요? 아무리 힘들어도 포기하지 않고 계속할 수 있는 힘은 어디서 오는 것일까요? 그 힘은 바로 자신이 하고 있는 일을 정말 좋아하고 즐기면 생기게 되는 것 같습니다.

내가 바버라 매클린톡을 가장 과학자다운 과학자로 생각하는 이유는 내가 아는 어떤 과학자보다도 자신이 하는 연구를 즐겼고 사랑했기 때문입니다. 그래서 세상이 자신의 업적을 알아주지 않는 것에 연연하지 않았어요. 더불어 아주 긴 세월 여러 어려움 속에서도 굽히지 않고 20대 초반부터 80대 할머니 때까지 쉬지 않고 열심히 연구에 매진할 수 있었지요.

노벨상보다 더 큰 가치는 '연구하는 기쁨'

내가 생명체에 대한 공부를 시작했던 대학교 1학년 때에 바버라 매클린톡을 처음 알게 되었어요. 그해 11월에 바버라 매클린톡이 여성 단독으로는 최초로 노벨 생리·의학상 수상자로 결정되었다는 기사를 신문에서 보았지요.

　나를 감동시킨 것은 바버라 매클린톡이 노벨상을 받았다는 사실이 아니라 노벨상 수상이 결정된 후의 인터뷰였어요. 이미 할머니였던 바버라 매클린톡은 연구하는 과정에서 모든 기쁨을 누렸기에 충분한 보상을 받았으므로 자신 같은 사람이 노벨상을 받는 건 불공평하다고 이야기했지요. 과학을 연구하는 과정이 만족스럽고 행복했기에 노벨상 수상이 별로 중요하지 않다는 것이었어요. 정말 자신이 하는 일을 즐기고 사랑한 사람이 아니면 할 수 없는 이야기여서 내 마음을 움직였던 것 같아요.

　바버라 매클린톡은 평생 동안 옥수수의 돌연변이를 연구했어요. 옥수수 연구를 통해 염색체 내에서 위치를 바꾸는 '이동성 유전자'를 발견했지요. 그러나 이동성 유전자를 발견하고도, 그리고 그 이후로도 아주 오랫동안 과학자 대부분이 염색체 내에서 유전자의 위치가 고정되어 있다고 생각하면서 바버라 매클린톡의 발견을 받아들이지 않고 무시했어요. 그런 힘든 상황 속에서도 바버라 매클린톡은 흔들리지 않았어요. 주위 시선에 아랑곳하지 않고 진정으로 연구 자체를 즐기면서 이 모든 과정을 극복했지요.

> 바버라
> 매클린톡이
> 전하는 메시지

여러분은 무엇을 할 때 가장 재미있나요? 어떤 일을 할 때 가장 행복한가요? 자신이 정말 재미있어하는 일을 찾아봐요. 그리고 그 일에 최선을 다해 봐요. 힘들어도 포기하지 말아요. 자신감을 가지고 용기를 내요. 재미있는 일을 찾아 열심히 하면 어떤 어려움이 와도 행복할 수 있다는 것을 바버라 매클린톡이 보여 주었으니까요.

자! 이제 과학자로서 많은 어려움 속에서도 씩씩하고 행복한 인생을 살았던 바버라 매클린톡의 이야기를 읽으며 과학에 대한 열정을 함께 느껴 볼까요?

생명과학자 송기원

차 례

추천하는 글

04

＃ 여는 글

옥수수와 함께한 인생

10

＃ 첫 번째 장면

스스로 생각하는 아이

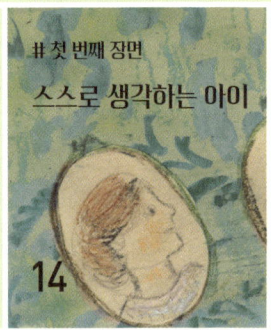

14

＃ 두 번째 장면

여자아이답게? 아니 나답게!

22

＃ 세 번째 장면

지식에 대한 열정

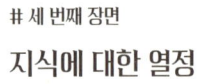

30

＃ 네 번째 장면

유전학에 빠지다

40

＃ 다섯 번째 장면

농장에서의 연구

48

여섯 번째 장면
옥수수만 심을 수 있다면
58

일곱 번째 장면
이동성 유전자의 발견
64

여덟 번째 장면
미치광이 여성 과학자
72

아홉 번째 장면
내 말이 맞다고 했잖아요
80

닫는 글
노벨상을 받고 나서
92

부록 장면 밖 이야기
★ 바버라 매클린톡을 만나다
★ 7가지 과학 키워드로 보는 바버라 매클린톡의 삶
96

옥수수와 함께한 인생

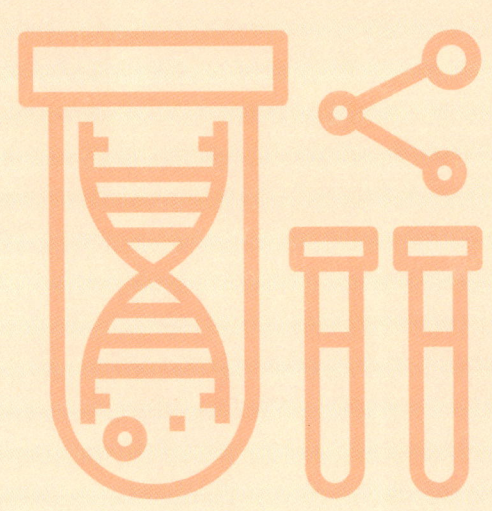

　내 이름은 바버라 매클린톡, 여든한 살이나 된 할머니야. 나이가 여든이 넘었다고 허리가 꼬부라진 노인을 떠올리지는 마. 난 아직도 괄괄한 성격만큼이나 몸도 마음도 건강하니까.
　나는 매일 운동으로 하루를 시작하고, 연구소로 향하지. 공식적으로 연구소는 진작에 퇴직했지만 그 뒤로도 15년 동안이나 빠짐없이 출퇴근을 하고 있어. 과학을 사랑하는 마음은 변함이 없고 연구에 대한 열정 또한 식지 않기 때문이야. 나는 아직도 궁금한 게 많고 연구하고 싶은 게 넘쳐 나거든. 그래도 예전처럼 연구소에서 살다시피 하지는 않아. 고작 여덟아홉 시간 정도만 연구소에서 보내지. 그래야 건강하게 오랫동안 내가 좋아하는 연구를 할 수 있을 테니까 말이야.
　내가 하는 연구가 무엇이냐고? 얼마나 재미있는 연구이기에 온종일 연구소에 콕 박혀 있는지 궁금하기도 할 테지. 내가 하는 연구는 과학 분야에서도 생물학, 생물학 중에서도 유전학이야. 유전자니 염색체니 하는 말들 들어 봤지? 이런 것들을 연구해 어떤 성질이 대를 이어 전해지는지 파악하고 분석하는 것이 바로 유전학이야. 그리고 여러 생물 중에서도 내가 일생을 바쳐 연구해 온 건 옥수수란다.

나는 평생 옥수수와 함께 살아왔어. 결혼도 하지 않고 평생 독신으로 살아왔으니 물론 남편이나 자식도 없지. 사람들은 이런 나를 괴짜니 외톨이니 부르며 이상한 사람 취급을 했지만 정작 나는 크게 상관하지 않았어. 그저 옥수수를 심을 밭이 있고 옥수수 염색체를 들여다볼 실험실만 있다면 평생 혼자 살아도, 사람 그림자 하나 구경 못 할 시골에서 지내야 해도 좋거든.

얼마 전 나에게 소식 하나가 전해졌어. 내가 노벨 생리·의학상 후보로 정해졌다는 거야. 사실 이전에도 여러 번 상을 받기는 했어. 바로 몇 해 전까지도 이런저런 과학상을 받았거든. 그렇지만 별로 기쁘지 않았어. 그래서 수상 소감을 이 말로 대신했지.

"정말이지, 주목받기 싫어요."

내가 이렇게 말한 데는 다 이유가 있어. 그동안 내 연구를 이해하고 알아주는 과학자들이 너무도 적었거든. 내 연구 자체를 부정하고 싫어하는 사람들도 있었지.

"당신 연구에 대한 이야기는 한마디도 듣고 싶지 않소. 내가 보기에는 정신 나간 짓처럼 보입니다."

동료 과학자에게 이런 말을 듣기도 했어. 그래서 나는 연구 내용을 공개적으로 발표하고 인정받기보다는 늘 하던 대로 연구하고, 기록하고, 분석하는 데 시간을 쓰기로 결심했지.

누가 알아주든 말든 나는 과학자니까, 그리고 옥수수 연구가 너무도 즐거우니까, 그저 마음껏 연구만 계속할 수 있다면 충분해.

만약 내가 노벨상을 진짜로 받게 된다면 어떻겠냐고? 물론 기쁘겠지. 전 세계가 내 연구의 결과와 업적을 인정한다는 뜻이니까 보람도 있을 거야.

그렇다고 해도 내 삶이 달라지는 건 없을 거야. 나는 죽기 전까지 묵묵히 연구를 계속해 나갈 테니까.

스스로 생각하는 아이

남들이 어떻게 생각하느냐보다는
내가 어떻게 생각하느냐가
더 중요했지.

나는 어릴 적부터 내가 바라는 것을 스스로 결정할 줄 알았어. 원래 이름도 바버라가 아니었지. 내가 어머니 배 속에 있을 때는 다들 나를 '벤자민'이라고 불렀대. 내 위로 언니가 둘이나 있었기 때문에 부모님은 아들이 태어나기를 바랐거든. 그러다 내가 세상에 나왔을 때 기대하던 아들이 아닌 것을 알았고, 다른 이름을 정해야 했지. 부모님은 내게 '엘리너'라는 이름을 지어 주었어. 그래서 내 출생 신고서에는 '1902년 6월 16일, 엘리너 매클린톡, 여아 출생'이라고 기록되었지.

하지만 고작 몇 개월이 지나자 내가 엘리너라는 여성스러운 이름에 어울리지 않는 아이라는 것을 다들 알게 되었어. 그래서 나는 '바버라'가 되었어. 나 역시 부를 때 씩씩하고 강한 느낌이 드는 바버라라는 이름이 더 마음에 들었지.

나뿐 아니라 매클린톡 집안사람들은 서류상 이름과 실제 사용하는 이름이 다른 경우가 많아. 우리 집안사람들은 진짜 자신이 누구인지를 중요하게 생각하기 때문이야. 아마 2차 세계대전이 일어나지 않았다면 서류상 내 이름은 여전히 엘리너로 기록되어 있었을 거야. 내가 정식으로 개명하기로 결정한 것은 태어난 지 40년 뒤인 1943년이었어. 사실 나보다는 아버지가 더 원한 일이었지.

"우리는 지금 전쟁 중이야, 바버라. 그래서 안전 규칙들이 더 엄격해졌단다. 공식적인 서류에 다른 이름이 있으면 네가 진짜 누구인지 증명하기가 힘들어질 수 있어."

그렇게 아버지가 적극적으로 내 이름을 고쳐 주었지만, 사실 나는 서류에 이 이름을 쓰든, 저 이름을 쓰든 관심이 없었어. 어릴 때부터 호기심을 끌지 않는 것에는 무관심한 편이었거든.

하지만 흥미로운 일이 생기면 절대로 온순하지 않았어. 예를 들어 문제가 쉽게 풀리지 않으면, 해결될 때까지 다른 일은 아무것도 하지 않을 정도로 고집스러웠지. 다행히 부모님은 이런 내 행동을 나쁘게 생각하지 않았어. 부모님은 '내가 공감하지 않더라도 다른 사람들이 하는 행동을 이해하라'고 가르쳤거든. 그렇게 개성을 인정하고 존중해 준 부모님 덕분에 나는 내가 하고 싶은 일에 집중할 수 있었어.

아무래도 나는 자립적으로 행동하는 어머니 쪽 집안의 성향

을 많이 물려받은 것 같아. 어머니 집안은 미국에 상륙한 최초의 이주민 후손이라는 것을 자랑스러워했어. 영국에서 미국으로 건너와 새로운 삶을 일군 용감한 집안이라고 생각했지.

그래서인지 나 또한 무척 독립적인 성격이었어. 혼자 생각하고 혼자 행동하기를 좋아했거든. 그러다 보니 여느 아이들과 어울려 놀지 않았고, 아마 다른 사람들 눈에는 유별난 아이로 보였을 거야. 하지만 나는 상관하지 않았어. 남들이 어떻게 생각하느냐보다는 내가 어떻게 생각하느냐가 더 중요했지.

나는 어릴 적에 특별한 경험을 했어. 부모님 밑에서 자라지 않고 다른 사람 손에 맡겨진 적이 있었거든. 외롭지 않았냐고? 아니. 그때가 내 어린 시절 가운데 가장 재미있고 아름다운 시기였어.

내가 태어날 무렵 우리 집 형편이 무척 어려웠어. 부모님 모두 열심히 일했지만 내 위로 언니가 둘이나 있었고, 내가 태어난 다음 해 남동생이 태어난 거야. 어머니는 지쳤고 아버지는 이렇게 많은 가족을 먹여 살릴 수가 없었지.

부모님은 여러 고민 끝에 중요한 결정을 내렸어. 나를 고모집에 잠시 맡기기로 한 거야. 네 아이 가운데 가장 독립적이고 씩씩한 성격이라 부모님과 떨어져 지내도 괜찮을 거라고 판단한 거지.

그렇게 나는 2년 반 동안 매사추세츠주에 사는 고모 집에 가 있게 되었어. 원래는 몇 개월 정도만 지내고 돌아오기로 되어 있었는데, 집에는 휴가철에만 잠깐씩 들렀을 뿐이고 학교에 들어가기 전까지 계속 고모 집에 머물렀어. 내가 그렇게 하기로 스스로 결정했거든.

고모는 다정한 성격이었고, 나는 그런 고모를 무척 좋아했어. 물론 고모부하고도 잘 지냈어. 고모부는 생선 장사를 했는데, 종종 나를 데리고 다녔어. 아침 일찍 고모부와 함께 말이 끄는 수레를 타고 시장에 가는 것은 무척 신나는 일이었지.

그러던 어느 날 고모부가 깜짝 놀랄 만한 무언가를 가져왔어. 바로 트럭이었지. 헨리 포드(Henry Ford)가 바로 몇 년 전, 정확히는 1903년부터 미국에서 자동차를 만들기 시작했는데, 당시 사람들에게 자동차는 무척 새롭고 신기한 것이었어.

고모부의 트럭은 성능이 좋지 않아서 고장이 자주 났어. 그럴 때마다 고모부는 자기 손으로 직접 고쳤어. 트럭 밑으로 들어가 바닥에 등을 대고 무엇이 잘못되었는지 알아내서 문제가 생긴 기계 부품들을 수리했지.

나는 그 일이 무척 재미있어 보였어. 무작정 고모부를 따라 차 밑에 들어갔지. 끌어 주는 동물 한 마리 없이 스스로 움직이는 마법 수레가 어떻게 만들어져 있는지 알고 싶었거든.

사물이 어떻게 작동하는지 호기심을 키운 시기가 바로 이때였던 것 같아. 그때부터 호기심은 평생 나와 함께한 거야.

여자아이답게? 아니 나답게!

나는 마음을 굳게 먹었어.
흔히 여자가 하면 안 된다고
생각하는 일들에 휘둘리지 말고
내가 바라는 일을 하겠다고 말이야.

나는 여섯 살이 되어서야 고모네 집을 떠나 다시 집에 돌아왔어. 그사이 우리 집 경제 형편도 좋아졌고 나는 학교를 다녀야 했거든.

초등학교에 다니기 시작했지만, 책상에 앉아 있는 시간들이 별로 흥미롭지 않았어. 다행히 부모님도 나와 같은 생각이었나 봐.

아버지가 선생님들과 상담을 하고 돌아와 어머니에게 이야기했는데, 마침 나도 그 자리에 있어서 두 분이 했던 말들을 기억하고 있어.

"선생님들한테 우리 애들이 집에서 숙제하는 것은 허락하지 않겠다고 말했어요."

아버지 말에 어머니도 동의했어.

"잘했어요. 학교 공부는 하루에 여섯 시간씩 학교에서 하는 걸로 충분해요. 나머지 시간에는 정말 하고 싶은 것에 집중하게 해야죠."

"그리고 우리는 아이들이 무엇이 될지가 아니라 지금 모습에 더 관심이 있다고 확실하게 말해 뒀어요."

"그건 그렇고 여보, 바버라가 빙판에서 스케이트 타는 것을 좋아하더라고요. 어제 제 언니 스케이트를 탔는데 잘 타기도 하고 그렇게 행복해하는 모습은 처음 봤어요."

"정말요? 그럼 내일 당장 이 도시에서 가장 좋은 스케이트를 사러 가야겠군요."

아버지가 사 온 스케이트는 정말로 환상적이었어. 나는 스케이트를 선물 받은 그해 겨울, 아침마다 학교 수업을 건너뛰고 스케이트를 타러 갔어.

학교생활에 잘 적응하지 못했던 나는 스케이트를 타러 갈 때 외에도 종종 수업을 빠지고는 했어. 그 대신 집에서 시간을 보냈는데, 책을 읽기도 했지만 대부분은 아무것도 하지 않았어. 멍하게 무엇인가를 바라보거나 생각을 하며 시간을 보냈지. 그때 정확히 어떤 생각을 했는지를 설명하기는 어렵지만, 나를 둘러싼 사물들이 어떻게 이루어져 있는지 알고 싶어 했던 것 같아.

가끔 밖에 나가서 놀 때는 동네 아이들, 그중에서도 남동생의 친구들과 어울렸어. 나는 사람들이 흔히 말하는 말괄량이였지. 나무에 오르고 축구나 농구, 배구를 하며 놀기를 좋아했거든.

나는 또래에 비해 덩치가 작은 편이었는데도 모든 운동을 잘했어. 그래서 시합을 하게 될 때면 다들 내가 자기네 팀에 들어와 주기를 바랄 정도였지.

어머니는 이런 나를 걱정했지만, 내가 어려운 상황에 놓일 때면 기꺼이 도와주었어. 내가 튼튼하고 질긴 천으로 반바지를 만들어 달라고 했을 때도 그랬지. 그 무렵 여자아이들은 대개 아주 얇은 천으로 만든 살짝 부푼 듯한 모양의 속바지에 치마를 입었어. 하지만 그런 것을 입고는 나무를 오르거나 축구를 하거나 내가 원하는 만큼 뛸 수도 없었지. 그래서 어머니에게 아주 격하게 움직여도 찢어지지 않을 만한 바지를 부탁했는데, 바로 마련해 주었어.

곧장 새 바지를 입고 친구들과 놀고 있는데 이웃 아주머니가 나를 부르더니 집으로 들어오라는 신호를 보냈어. 집에 들어섰더니 아주머니가 심각한 얼굴로 나를 꾸짖었어.

"바버라, 너도 이제 다른 여자아이들처럼 행동하는 법을 배워야 할 것 같구나. 조금 더 여성스럽게 행동하고 차려입는 습관을 들이렴."

나는 아무 대답도 하지 않았어. 그대로 집으로 달려가서 어머니에게 모두 말했지. 그러자 어머니는 내 말이 끝나기가 무섭게 이웃 아주머니에게 전화를 했어.

"다시는 그러지 마세요! 내 아이들 교육은 그쪽이 신경 쓸 일이 아니에요."

한번은 이런 일도 있었어. 우리 동네 아이들과 옆 동네 아이들이 축구 시합을 하는 날이었지. 경기장에 도착했더니 우리 팀 아이들이 나를 경기에 참가시키지 않기로 결정했다는 거야. 이유는 내가 여자이기 때문이었어.

도저히 이해할 수 없어서 씩씩거리고 있는데 상대 팀에서 한 명 모자란다며 내게 선수로 들어오라고 하지 뭐야. 나는 고민도 하지 않고 그러겠다고 했지.

그날 경기 결과는 내가 함께 뛰었던 옆 동네 팀이 이겼어. 집에 돌아오는 내내 우리 동네 아이들은 내게 배신자라고 했지만, 나는 신경 쓰지 않았어. 왜냐하면 그 아이들이 잘못했기 때문이야. 우리 동네 아이들이 내가 경기에 뛸 수 있게 해 주었다면 상대 팀에 들어가는 일은 없었을 테니까 말이야.

그때 나는 마음을 굳게 먹었어. 흔히 여자가 하면 안 된다고 생각하는 일들에 휘둘리지 말고 내가 바라는 일을 하겠다고 말이야.

이런 내 마음을 마조리 언니에게 말했어. 마조리 언니는 믿음직한 맏언니로 늘 내 이야기에 귀 기울여 주었거든.

"내가 다른 여자아이들과 다르다는 걸 잘 알고 있어. 앞으로도 이것 때문에 무척 힘들 거라는 것도 알아. 하지만 나는 내 길을 계속 갈 거야. 내가 여자답지 않게 행동했을 때 어떤 일이 일어나도 감당할 준비가 되어 있어."

"왜 그래야 하는데?"

"왜냐하면 내가 하고 싶은 일이 내게 큰 기쁨을 줄 테니까."

그렇게 생각하니까 사회적 관습 때문에 반대와 어려움에 닥치게 되더라도, 그것을 이겨 낼 용기와 의지가 마음속에 자리 잡았어.

지식에 대한 열정

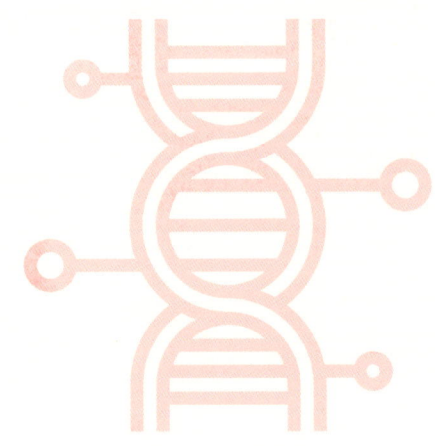

뭔가 좋아하는 일에 빠지면
나는 사라지고 내가 좋아하는 일과
완전히 하나가 되는 것 같아.

　천방지축 말괄량이였던 내가 배우는 즐거움을 알게 된 것은 고등학교를 다니기 시작하면서였어. 나는 언니들이 다니던 브루클린의 에라스무스홀 고등학교에 입학했어. 내가 가장 좋아하는 과목은 과학과 수학이었어. 특히 문제 풀이를 좋아했지. 나만의 이론과 방법에 따라 혼자 힘으로 답을 찾아낼 때면 마음 저 깊은 곳에서 기쁨이 솟구치는 것을 느꼈어.

　그런데 평온한 일상을 방해하는 사건이 터졌어. 1914년 1차 세계대전이 일어나고 1917년부터 미국도 전투에 참가하게 된 거야. 나라에서는 전쟁에 모든 자원과 기력을 쏟았어. 우리 집도 예외는 아니었지. 의사인 아버지는 군의관으로 징집돼 유럽으로 떠났고 우리 집 형편은 다시 어려워졌어.

　이 시기에 나는 새로운 것을 배우고 싶어 했어. 그러려면 공부를 계속하고 대학에 가야 했지. 그런데 어머니가 허락해 주지 않았어. 나보다 먼저 고등학교를 졸업한 두 언니는 학교 성적이 뛰어나서 공부를 계속할 수 있었는데도 어머니의 반대로 대학에 진학할 수 없었지.

 어머니는 돈과 결혼, 이 두 가지 때문에 걱정했던 것 같아. 대학에 다니려면 엄청난 돈이 필요한데, 그 시기에 집안 형편이 너무 어려웠거든. 그리고 그 시절 대부분의 부모처럼 우리 어머니도 딸이 공부를 너무 많이 하면 결혼을 못 한다고 믿었어. 많이 배운 여자는 가정과 아이들을 돌보기보다는 자기 일에 집중하다가 결국 결혼을 하지 않게 된다고 생각한 거야.

 그렇지만 나는 모두의 반대를 무릅쓰고 내 힘으로 대학에 가기로 결심했어. 예상보다 몇 개월 빨리 고등학교를 졸업했고, 바로 일자리부터 알아보러 다녔지. 다행히 한 직업소개소에 그다지 어렵지 않게 취직이 되었어. 내가 맡은 일은 직업을 구하려고 오는 사람들에게 이름이 뭐냐, 어디 사느냐, 무엇을 할 줄 아느냐 등을 묻는 거였어. 다행히 일은 힘들지 않았고, 퇴근하면 바로 도서관으로 가서 공부했어.

 '나를 대학에 보내지 않겠다고? 그럼 나 혼자 공부해야지.'
 당시 나는 돈을 벌고 공부를 해서 대학에 가고 싶다는 생각밖에 없었어.

 그런데 뜻밖에 문제가 해결되었어. 여름이 시작되던 무렵 아버지가 유럽에서 돌아온 거야. 추측건대 아마도 아버지가 어머니를 설득한 게 아닌가 싶어.

어느 날 아침, 출근 준비를 하고 있는데 어머니가 다가와 말했어.

"네 아버지와 오랫동안 이야기했는데, 너를 대학에 보내기로 결정했단다."

나는 심장이 터질 것처럼 기뻤지만, 내색은 하지 않았어. 사실 어느 대학에 갈지도 이미 정해 놓았거든. 바로 코넬대학교였지. 당시 남학생들만 다니는 다른 대학들과 달리 코넬대학교에서는 여학생도 받았어. 그리고 무엇보다 코넬대학교 농과대학에 입학하면 등록금이 무료라는 것이 정말이지 큰 장점이었지. 그렇게 나는 드디어 코넬대학교의 학생이 되었어.

대학에 입학하고 처음에는 강의를 많이 신청했어. 의욕이 넘쳐서이기도 했지만, 가진 돈으로 대학에 얼마나 다닐 수 있을지 몰랐기 때문이었지. 강의를 듣다가 마음에 들지 않으면 포기했어. 강의를 중간에 그만두면 형편없는 점수가 나왔지만, 전혀 신경 쓰지 않았지. 그저 좋아하는 과목에 좀 더 힘을 쏟고 싶었어.

대학 생활은 환상적이었어. 새로운 학문을 공부하는 것뿐만 아니라 수많은 사람을 만났고 열정이 넘치는 멋진 여학생들과 우정도 쌓았지. 무엇보다 자유롭다고 느꼈어. 제일 처음 자유

롭다고 느꼈던 순간은 머리를 짧게 잘랐을 때였어. 긴 머리는 정말 성가셨거든. 감고 말리고 묶는 데 너무 많은 시간이 걸리는 터라 시간 낭비라는 생각이 들었어. 나는 해야 할 공부도, 즐겨야 할 것도 너무 많았으니까 말이야.

지금은 이해가 안 될 수 있지만, 당시에는 여자가 머리를 짧게 자르는 일은 무척이나 드문 일이었어. 내가 짧은 머리로 교정을 걷고 있으면 다들 몸을 돌려 나를 쳐다봤지. 하지만 나는 그런 시선에 익숙했어. 어릴 적에 바지를 입었을 때도 사람들은 똑같은 시선으로 나를 바라보았거든.

몇 년이 지난 뒤에는 치마도 벗어 버렸어. 농과대학에 딸린 옥수수 농장에 자주 갔는데, 거기서는 이리저리 휘날려서 거추장스러운 치마를 입고 일할 수가 없었거든. 치마 대신 양장점에 가서 활동하기 편한 통이 넓은 바지를 만들어 입었어.

몸과 마음을 다해 학업에 열중하면서 사람들을 만나는 일은 줄어들었지만, 외롭지는 않았어. 오히려 아는 것이 많아질수록 엄청난 만족감을 느꼈지. 새로운 것을 배울 때면 모든 것을 잊어버렸어. 심지어 내 몸이 어떤 상태인지, 내가 누구인지도 잊었지.

한번은 정말 믿기 힘든 일이 생기기도 했어. 지질학 시험을 치르던 날이었지. 질문지와 답을 적는 공책을 받자마자 나는 거침없이 답을 썼어. 지질학은 내가 좋아하는 과목이고 답을 다 알고 있어서 빨리 적고 싶어서 안달이 나 있었지. 쓰고 또 쓰며 멈추지 않고 써 내려가다가 마지막 답까지 쓰고 공책을 덮었을 때가 되어서야 맨 앞장에 내 이름을 적지 않았다는 것을 알았어. 그런데 맙소사, 내 이름이 기억나지 않는 거야. 도움을 청하려고 주위를 둘러봤지만, 창피해서 차마 물어볼 수 없었어. 내 이름이 뭐냐고 물으면 내가 미쳤다고 생각할 것이 뻔했으니까.

나는 초조한 마음을 억누르며 가만히 내 이름이 떠오르기를 기다렸어. 내가 누군지 기억해 내기까지 무려 20분이나 걸렸어. 다행히 시험 시간이 끝나기 전에 생각이 나서 공책을 무사히 제출할 수 있었지.

나는 이 경험에 대해 마조리 언니에게 털어놓았어.

"정말 이상한 기분이 들었어. 어떻게 내가 나를 잊을 수 있는지 몰라."

그러자 마조리 언니는 이해한다는 듯이 고개를 끄덕였어.

"그 이야기를 들으니 그때가 생각나네, 바버라. 네가 어릴 때 해변에서 달리기를 할 때도 그런 적 있어. 몇 시간 동안 한 번도 쉬지 않고 뛰었지. 그때도 넌 네가 누군지, 네 몸이 어떤 상태인지 완전히 잊은 것 같았어."

"언니 말이 맞아. 난 뭔가 좋아하는 일에 빠지면 나는 사라지고 내가 좋아하는 일과 완전히 하나가 되는 것 같아. 시험을

보던 날도 바버라 매클린톡은 없고 지질학만 있었던 거야. 어떻게 설명해야 할지 모르겠지만 그게 나쁘지만은 않은 것 같아."

마조리 언니와 이야기를 나누다가 오래전 기억이 떠올랐어. 그 무렵 내가 좋아하던 일은 바닷가에 있는 별장에 가는 거였어. 그곳에 가면 사람들이 거의 없는 이른 아침이나 저녁 무렵에 해변을 산책했지. 그렇게 산책을 하다가 무작정 달리고는 했어.

평범한 달리기는 아니었어. 등을 아주 곧게 펴고 시선은 정면을 향하고 리듬에 맞춰 뛰는 거였지. 그렇게 뛰다 보면 어느 순간 공중을 떠다니는 것처럼 가벼워지는 기분이 들었고, 몇 시간 동안 뛰어도 전혀 힘들지 않았어. 오히려 정신이 맑아지는 것을 느꼈지. 이것이 티베트 불교에서 일부 승려들이 해 오던 수련 방법이라는 것을 알게 된 것은 아주 먼 훗날이었어.

그렇게 나는 누가 가르쳐 주지 않아도 혼자서 몰입하는 법을 터득했어. 아무래도 집중력 하나는 타고난 것 같아.

유전학에 빠지다

나는 생명의 비밀을 탐구하는
유전학에 흠뻑 빠졌어.
배우면 배울수록
더 알고 싶다는 욕구가 커졌지.

대학교 3학년 때 나는 유전학을 알게 되었어. 유전학은 유전적 특성과 이 특성이 부모에서 자식으로 어떻게 전달되는지 연구하는 생물학의 한 분야야.

누구나 이런 말들을 들어 본 적 있을 거야. '네 눈은 어머니를 닮았구나.' '할아버지 머리카락도 너처럼 곱슬머리였어.' 등등 말이야.

그런데 이런 특성은 어떻게 세대를 거쳐 전해지는 걸까? 우리는 왜 가족이나 친척 가운데 이 사람에게서 조금, 저 사람에게서 조금씩 닮은 채 태어나는 걸까? 퍼즐 조각을 모아 놓은 듯한 지금 우리의 모습을 만든 것은 과연 무엇일까?

나는 생명의 비밀을 탐구하는 유전학에 흠뻑 빠졌어. 배우면 배울수록 더 알고 싶다는 욕구가 커졌지.

당시 유전학은 세상에 나온 지 60년 정도밖에 되지 않은 아주 새로운 과학 분야의 학문이었어. 내가 대학교에 들어갈 즈음, 과학자들은 유전자가 생명체의 어느 부분에 있는지, 어떻게 작용하는지에 의문을 품고 있었어. 그래도 현미경 덕분에 모든 세포에 핵이 있고, 또 이 핵 안에 이상한 필라멘트 형태가 있는 것을 관찰했지.

과학자들은 세포들이 어떻게 작용하는지 조금 더 자세히 알아보기 위해 인공적인 환경에서 세포를 기르고 가꾸는 방법을 개발했어. 그렇게 연구하고 관찰하면서 세포 분열이 일어날 때, 즉 한 세포가 새로운 세포를 만들 때 염색체가 중요한 역할을 한다는 것도 알게 되었지. 더불어 염색체가 유전적 특성의 전달과 관계가 있다는 추측도 하게 되었어. 하지만 정확한 사실은 아직 알려지지 않았던 때였지.

그렇게 나는 유전학에 빠져 대학교 마지막 학기를 보내고 있었어. 그러던 중 유전학을 가르치는 허친슨(Claude Burton Hutchinson) 교수님이 나에게 전화를 건 거야.

"이제 곧 대학교를 졸업할 텐데, 유전학 연구를 계속할 생각인가?"

"사실 잘 모르겠어요. 계속 공부를 하고 싶지만 어떻게 방향을 잡아야 할지 고민이 돼요."

나는 혼란스러워하며 대답했어.

"바버라 양은 뛰어난 학생이고, 열심히 공부하는 모습에 깊은 감명을 받았다네. 대학원에 진학해서 내가 가르치는 유전학 수업을 들어 주면 좋을 것 같군."

허친슨 교수님이 신경 써서 제안해 준 덕분에 나는 코넬대학교 대학원에 들어가기로 마음먹었어.

이때의 선택이 내 인생을 결정했다고 생각해. 그렇게 나는 유전학에 좀 더 깊이 빠져들었고, 유전학 연구에 평생을 바치게 되었으니까 말이야.

그런데 막상 대학원에 들어가 보니, 여자 대학원생이 유전학 분야를 전공했던 적이 한 번도 없다는 사실을 알게 되었어. 당황스럽고 불편한 마음이 들었지만, 유전학을 공부하고자 하는 내 바람을 꺾을 수는 없었지.

공부와 연구에 매진하며 대학원 생활을 하던 중 나는 아주 중요한 일을 해냈어.

어느 날, 세포학 교수님이 나를 찾아왔어.

"바버라 학생이 돈을 벌고 싶어 한다는 걸 알고 있네. 자네에게 시킬 일이 있어."

"무슨 일인가요?"

"현미경으로 관찰하면서 시간을 보낼 수 있는 사람이 필요하네. 모든 옥수수 세포가 일정한 수의 염색체를 가지고 있다는 건 알지만, 나와 내 조수들이 아직 그 염색체를 따로 분류하지는 못한 상태야. 각 염색체의 역할을 파악하려면 분류하는 작업이 중요하지. 그런데 염색체 분류를 최초로 성공하기 위해서는 아주 오랜 시간을 두고 연구해야 해. 오래 관찰하면 할수록 좋지."

"제가 할게요."

나는 조금도 망설이지 않고 세포학 교수님의 제안을 받아들였어.

솔직하게 말하면 연구하면서 받은 돈은 얼마 되지 않았어. 그저 새로운 도전은 나를 즐겁게 했고, 현미경으로 관찰하는 일이 좋았던 것뿐이었지.

그런데 안타깝게도 이 일은 얼마 못 가서 그만둘 수밖에 없었어.

교수님과 함께 연구하는 사람들에게 염색체를 분류하는 데 필요한 기술을 배웠는데, 도통 믿음이 가지 않았어. 나름 적응해 보려고 노력했고, 며칠 동안 연구원들이 시키는 대로 따랐지만 연구가 제대로 진행되지 않는 거야. 그렇게 얼마 가지 않아 싫증이 나고 말았지.

결국 내가 알고 있는 지식을 활용해서 나만의 방법으로 연구를 진행하기로 마음먹었어. 그제야 문제가 해결되었지. 잘 보이지 않던 옥수수 염색체를 제대로 관찰했고, 각각 크기와 모양에 따라 하나하나 확실히 구별해 냈어. 그렇게 나는 최초로 옥수수 염색체를 식별하는 방법을 발견한 거야.

그런데 교수님과 연구원들은 내 관찰 결과를 받아들이지 않았어. 기존의 방식대로 연구를 진행하지 않았다면서 내 성과를 달가워하지 않았지.

 하지만 나는 연구를 멈추지 않았어. 오히려 옥수수 염색체에 좀 더 몰입하게 된 계기가 되었지.

농장에서의 연구

나는 특별한 능력을 갖고 있었어.
바로 옥수수 농장에서 편안하게
활동할 수 있다는 거였지.
연구자 대부분은 농장 생활을
편하게 여기지 않았거든.

 현미경으로 잘 관찰할 수 있는 것 말고도 나는 특별한 능력을 갖고 있었어. 바로 옥수수 농장에서 편안하게 활동할 수 있다는 거였지. 연구자 대부분은 농장 생활을 편하게 여기지 않았거든. 나의 이런 면은 유전학자로서 큰 도움이 되었어. 옥수수 유전학을 연구하는 사람은 실제로 농장에서 씨를 뿌리고 식물을 가꾸고, 이 식물들을 서로 교배하고 시간이 흐른 뒤 그 열매에 관해 연구해야 하니까 말이야.

 옥수수는 유전학을 연구하는 데 정말 유용한 작물이야. 옥수수 한 뿌리에서 붉은색, 자주색, 노란색 등 다양한 색깔을 가진 낱알이 나올 수 있고, 강도 역시 서로 다를 수 있거든.

 '옥수수 낱알도 부모 세대 식물의 특징을 물려받는데, 어떤 방식으로 물려받을까?'

 이 궁금증이 옥수수의 탄생과 성장, 번식 과정 하나하나를 분석해야 하는 아주 중요한 이유이자 숙제인 셈이었어.

연구하고자 하는 의욕은 넘쳤지만, 사실 농장 일은 상당히 힘들었어. 봄에는 씨를 뿌리고, 여름에는 뜨거운 태양 아래에서 묘목에 물을 주고 해충도 없애 줘야 했지. 그러다 몇 주가 지나고 옥수수 줄기가 자라면 번식을 해야 할 차례가 돼. 그때부터 정말 중요한 일이 시작되었어.

옥수수는 한 뿌리에서 수꽃과 암꽃이 모두 열려서, 한 개체 안에서 자체적으로 수정할 수도 있고 주위에 있는 다른 옥수수와 수정할 수도 있어. 바람이 불면 수술에서 꽃가루가 떨어져 나와 주위를 맴돌다가 가까이에 있는 암꽃에 떨어지게 되는데, 내가 막아야 하는 것이 바로 이런 상황이었지. 어떤 꽃가루가 어디로 날아가 수정이 되었는지 정확히 알아내서 내가 연구하고 싶은 옥수수 낟알의 '부모'를 찾아야 하기 때문이었어. 그래서 모든 암꽃에 종이봉투를 감싸 두었어. 이렇게 하면 내가 확인할 때까지 수정이 되지 않게 할 수 있기 때문이지. 그러다가 적절한 때가 되면 미리 정해 둔 암꽃의 종이봉투를 열고 그 위에 직접 수술의 꽃가루를 묻히고 다시 종이봉투를 닫는 거야.

이 일을 하기 위해 나는 사흘에 한 번씩 오래된 자동차를 타고 수 킬로미터를 달려 농장으로 갔어. 그리고 지옥 같은 열기 속에서 종이봉투를 풀고 닫고 하며 12시간 동안 옥수수에 수

분을 한 뒤 해가 지면 완전히 지쳐 집으로 돌아오고는 했지.

 이렇게 해서 마침내 기다리고 기다리던 가을이 오면 옥수수를 수확했어. 그 옥수수들을 연구실로 가져오면 비로소 연구가 시작되었지.

 이 모든 일을 스스로 하려다 보니 가족과 보내는 시간이 줄어들었어. 휴가철에 잠깐 집에 다녀오는 정도였지. 옥수수와 함께 시간을 보내다 보니, 코넬대학교가 내 집이 된 셈이었어.

 나는 1927년에 박사 과정을 마친 뒤에도 코넬대학교에 남았어. 대학에 갓 입학한 새내기들 수업을 맡아 달라는 요청을 받아서 강의도 시작했지. 가까운 사람들과 이야기를 나눌 새도 없이 시간이 늘 부족했어. 오로지 연구와 수업, 옥수수 재배에만 매달려야 했지.

 그러던 어느 날 해리엇 크레이턴(Harriet Creighton)이 나를 찾아왔어. 키가 크고 마른 데다가 길쭉한 얼굴을 가진 해리엇은 1929년 코넬대학교 대학원에 들어온 지 얼마 안 된 여학생이었지. 해리엇은 똑똑하고 능력이 많았지만, 무엇을 해야 할지 고민하고 있었어.

 "무슨 공부를 하려고 이 학교에 왔나요?"

 나는 단도직입적으로 해리엇에게 물었어.

 "잘 모르겠어요. 식물생리학이 어떨까 생각하고 있어요."

 "내 생각에는 세포학과 유전학이 잘 맞을 것 같네요."

해리엇은 어리둥절한 얼굴로 나를 바라보았어. 만난 지 얼마 되지 않았는데 자신에게 맞는 것이 무엇인지 어떻게 아느냐는 듯한 표정이었지. 나 역시 그 이유를 정확하게 설명할 수는 없었지만, 해리엇과 대화하는 동안 내가 한 말에 점점 더 확신을 가지게 되었어. 우리는 오후 내내 대화를 했고, 해가 질 무렵에는 해리엇의 대학원 학업 계획을 아주 상세하게 결정할 수 있었어.

해리엇은 내 연구를 돕기로 했어. 그때부터 우리는 연구실과 옥수수 농장에서 함께 시간을 보냈지. 해리엇은 훌륭한 조수이자 좋은 친구가 되어 주었어.

우리가 빠르게 가까워진 것은 둘 다 테니스를 즐겼던 것도 한몫했어. 당시 나는 오로지 연구와 수업, 그리고 옥수수 재배에만 매달려 있었는데, 그런 나 자신에게 허락한 유일한 취미는 테니스였어. 우리는 오후 늦게 연구를 마치면 테니스를 치러 갔어. 비가 억수로 퍼붓는 날을 빼고는 하루도 빠뜨리지 않았지. 왜냐하면 운동을 하면 하루 종일 쌓였던 피로가 풀렸고, 다음 날 새로운 마음으로 연구에 몰두할 수 있었거든.

우리는 연구에 대한 애착이 강했어. 어느 해 6월, 실험용 옥수수 묘목들이 아직 어리고 약한 시기에 백 년에 한 번 올까 말까 한 폭풍우가 세차게 몰아쳤어. 해리엇은 차를 몰고 비바람을 헤쳐서 옥수수 농장까지 내달려 왔어. 물론 나는 이미 그

곳에 가 있었지. 우리는 폭풍우 때문에 연구가 망칠까 봐 서로 급하게 달려왔던 거야. 해리엇이 나타났을 때 느꼈던 반가움은 평생 잊지 못할 거야. 그 폭풍우 속에서 해리엇의 얼굴을 보는 순간 마음이 놓였거든.

우리가 도착했을 때 거의 모든 묘목이 뿌리째로 물에 씻겨 내려가 있었어. 하지만 우리는 누가 먼저랄 것도 없이 진흙 속에서 묘목들을 건져 냈고, 원래 있던 자리에 다시 심었어. 참 이상한 일이지만, 나는 묘목들이 어느 자리에 있었는지 정확하게 알고 있었어. 내 손으로 키우고 돌보며 연구하던 묘목들이라서, 옥수수 각자가 가진 특성들을 빠짐없이 기억하고 있었던 거야.

그 뒤 나와 해리엇은 더욱 의기투합하여 공동 연구에 들어갔어. 윤기 나는 보라색 알맹이의 옥수수와 윤기가 없는 다른 색 알맹이의 옥수수를 교배하고, 가을에 옥수수를 수확했지. 알맹이 대부분이 부모 옥수수처럼 윤기 나는 보라색, 윤기가 없는 다른 색 이렇게 두 가지 중 하나였는데, 몇몇 낟알은 달랐어. 윤기가 없는 보라색 알맹이도 있었고, 윤기가 있는데 보라색이 아닌 알맹이도 있었던 거야. 우리는 이 특이한 알맹이들의 염색체를 조사했어.

그리고 마침내 젊은 여성 과학자로서 정말 중요한 사실을 발견했어. 이 특이한 알맹이들은 모두 9번 염색체의 형태가 아예 바뀌어 있었던 거야. 일부분이 끊어졌다가 쌍을 이룬 염색체끼리 서로 교환된 뒤 다시 이어진 것이었어. 바로 크로싱 오버(Crossing over)라고 불리는 현상을 발견한 거야. 크로싱 오버는 세포 분열이 일어나는 동안 옆에 있는 두 염색체가 유전물질 '조각'을 서로 교환하는 현상이야. 이런 현상이 일어나는 것이 당연하다고 생각하는 유전학자들은 많았지만, 증명해 보인 적은 없었지. 무척 복잡한 연구였지만, 나와 해리엇은 결국 해냈어.

  1931년에 그 결과를 정리해 옥수수 염색체들이 실제로 유전물질과 정보를 교환한다는 것을 증명하는 논문을 발표했어. 정말 뿌듯한 순간이었어.

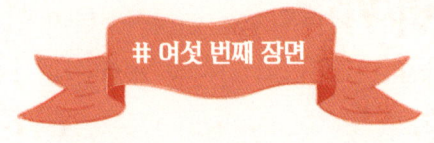
여섯 번째 장면

옥수수만 심을 수 있다면

대학교에서 강의를 하고는 있었지만,
사실 가르치는 일보단 옥수수를 심고
현미경으로 관찰하는 일에
좀 더 집중하고 싶었어.

    대학교에서 강의를 하고는 있었지만, 사실 가르치는 일보다 옥수수를 심고 현미경으로 관찰하는 일에 좀 더 집중하고 싶었어.

    그러던 1936년에 미주리대학교에서 교수가 되어 달라는 요청을 받았어. 나는 안정적인 일자리가 필요했기에 미주리대학교에 짐을 풀었지. 그런데 얼마 지나지 않아 문제가 생긴 거야.

    무슨 일인가 하면, 어느 날 내가 연구실 앞까지 다 와서 집에 연구실 열쇠를 두고 왔다는 것을 깨달았어. 해야 할 일이 많은데 열쇠를 가지러 집에 다시 다녀오는 것은 시간 낭비라고 생각했어. 그때 연구실 뒤쪽 창문이 반쯤 열려 있는 것이 보였지. 나는 창문을 타고 연구실 안으로 들어갔어. 그게 전부였지만 창문으로 들어가는 내 모습을 누군가 봤고, 곧 대학교에 소문이 퍼졌어. 교수가, 게다가 여자가, 그런 행동을 했다는 것이 학교 입장에서는 이해하기 어려웠나 봐.

  그 뒤로 나는 제대로 된 대접을 받지 못했고, 동료 교수들과도 친하게 지내지 못했어.

  사실 그 사건 때문만은 아니었을 거야. 내가 훌륭한 선생님은 아니었거든. 학생들은 내 수업이 너무 어렵다며 불만이 많았다고 해. 하지만 유전학처럼 복잡한 학문을 간단하게 설명할 방법이 있을까?

  결국 나는 1941년에 미주리대학교를 떠나기로 결심했어. 그런데 커다란 문제가 하나 있었지.

  '아, 이제 옥수수를 심으려면 어디로 가야 하나.'

  옥수수 연구에 대한 걱정이 머릿속에 가득했던 나는 코넬대학교에서 함께 일했던 옛 동료에게 도움을 청했어. 그리고 곧 편지 한 통을 받았지.

  "콜드스프링하버 연구소(Cold Spring Harbor Laboratory)에서 임시 연구원을 구하는데 그곳으로 가면 어때?"

  콜드스프링하버 연구소는 바다 옆에 있는 롱아일랜드섬에 있었어. 그곳은 무척 아름답기도 하지만 무엇보다 유전학과 관련된 가장 앞선 연구가 진행되는 곳이었지. 매년 여름에 학술 토론 회의가 열려 전 세계의 과학자들이 찾아오기도 했어.

  나에게 정말 딱 맞는 연구소였어. 나는 이곳에서 몇 달 동안 아주 즐겁게 일하고 유전학에 대한 여러 이야기를 나누며 시

간을 보냈어.

얼마 뒤 콜드스프링하버 연구소에서는 나에게 그대로 남아 연구를 계속해 달라고 부탁했어. 그렇게 정규직 연구원이 된 거야.

콜드스프링하버 연구소는 평화로웠고, 내가 원하는 대로 연구만 할 수 있었어. 하기 싫은 수업을 맡을 필요도 없었고, 그저 내 옥수수를 관찰하기만 하면 되었지.

연구소에서 시내로 가려면 30분은 걸어야 했고 가장 가까운 극장은 5킬로미터 거리에 있었어. 콜드스프링하버 연구소에서는 연구 아니면 할 일이 전혀 없었지. 나는 오히려 그런 점이 마음에 들었어. 나는 청바지 차림으로 매주 70~80시간씩 연구를 하며 즐겁게 시간을 보냈어. 물론 옥수수도 계속 심었지.

이동성 유전자의 발견

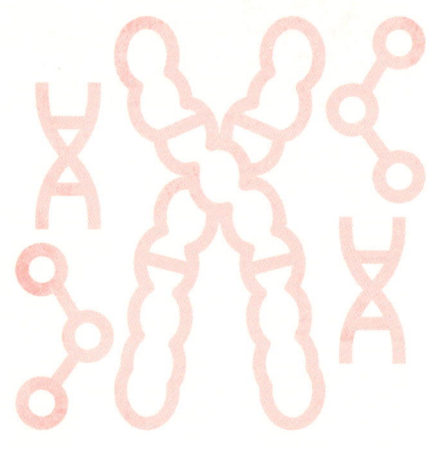

끈질기게 염색체들을 관찰하다 보니까
염색체들과 마음이 통한 듯했어.

　나는 땅에 씨앗을 심는 일부터 논문을 써서 과학 학술 잡지에 보내는 일까지 혼자서 일했어. 그렇게 나만의 방식으로 모든 연구 과정을 하나하나 밟는 것을 좋아했지. 작은 부분들을 알아야 전체를 파악할 수 있다고 생각하기 때문이야.
　그러던 중 1944년에 동료 유전학자 조지 비들(George Beadle)한테 연구를 도와달라는 연락을 받았어. 세세한 부분까지 놓치지 않고 관찰할 줄 아는 내 능력이 필요하다는 거였지. 그래서 잠시 스탠퍼드대학교에 가서 빵에 피는 곰팡이를 관찰했어.
　며칠 동안 현미경 아래 놓인 슬라이드를 열심히 관찰했지만 소용없었어. 붉은빵곰팡이 염색체들은 지독하게 작았고, 온갖 방법으로 관찰하려 해도 아무것도 보이지 않았지.
　도저히 방법을 찾을 수가 없어서 의욕이 완전히 떨어졌고,

결국 연구실을 박차고 나왔어. 바람을 쏘이고 싶어서 커다란 유칼립투스 나무들이 줄지어 있는 길을 따라 한참 동안 걸었지. 그러다가 나무 한 그루 아래에 벤치가 있는 것을 발견하고 다가가 앉았어. 나는 잠깐 훌쩍거리며 울다가 마음이 방황하는 대로 내버려 두었어. 모두 다 잘될 거라며 내 자신을 다독였지. 얼마나 시간이 흘렀을까. 다시 자리에서 일어날 때쯤에는 훨씬 평온한 기분이 들었어.

 연구실로 돌아와 다시 현미경 앞에 앉았는데 뭔가 이상한 일이 일어났어. 이전에는 혼란스럽기만 했는데, 염색체들의 정해진 구조가 드러나기 시작한 거야. 그 구조를 차근히 관찰하다 보니 염색체들이 점점 더 크게 보였어. 갑자기 시력이 좋아진 것이 아니었어. 끈질기게 염색체들을 관찰하다 보니까 염색체들과 마음이 통한 듯했어. 마치 내가 직접 슬라이드로 들어가 염색체들 사이에 서 있는 것 같은 느낌이었지.

 이를 계기로 나는 염색체를 쉽게 관찰하는 방법만 알아낸 것이 아니라 염색체 하나하나를 구분하고, 세포 분열이 일어나는 동안 각 염색체에서 일어나는 일까지 볼 수 있게 되었어.

 조지는 이 사실을 알게 되자마자 한달음에 달려와 나를 치켜세웠어.

 "지난 수년간 곰팡이를 연구한 유전학자들이 알아낸 것보다 네가 두 달 동안 알아낸 것이 훨씬 더 많아!"

콜드스프링하버 연구소로 돌아왔을 때 나는 유명하고 성공한 과학자가 되어 있었어. 그때 내 나이는 마흔둘이었지. 곧바로 미국 국립과학아카데미(National Academy of Sciences)에서 회원이 되었다는 연락이 왔어. 여성 회원으로는 세 번째였고, 무척 영광스러운 일이었지. 그리고 얼마 뒤에는 역사상 최초로 미국 유전학회 여성 회장으로 뽑혔어.

나는 내 능력에 자신감을 갖기 시작했어. 내 자신을 믿고 다시 옥수수 연구에 몰입했지. 스탠퍼드대학교에서 붉은빵곰팡이의 염색체를 발견했던 경험을 바탕으로 오랜 친구 같은 옥수수 염색체에 대해 모두 알 수 있을 것만 같았어.

나는 모든 옥수수 묘목의 부모와 그 부모의 부모까지 다 기억하고 있었어. 이렇게 여러 세대의 옥수수에 대한 지식을 머릿속에 차곡차곡 쌓아 놓은 덕분에 당시 아무도 보지 못한 것들을 볼 수 있었지.

자식 세대의 몇몇 옥수수에서 원래 보여야 할 형질과 다른 형질을 발견했어. 알갱이에 얼룩이 생기거나 잎 색이 다른 것이었어. 마치 돌연변이 같았지. 그래서 나는 이상해 보이는 옥수수들의 염색체를 집중적으로 연구했어.

당시 과학자들은 유전자가 진주 목걸이처럼 연결되고 고정되어 있어서 움직일 수 없다고 생각했어. 하지만 나는 그렇지 않다는 것을 알아냈어. 내 옥수수의 유전자들은 언제나 멈춰

있기만 하지 않았거든.

 내 느낌으로는 유전자들이 목걸이 줄에 고정된 진주들처럼 줄지어 있는 것이 아니라, 소풍을 가려고 준비하는 한 반의 어린아이들처럼 움직이는 것 같았어.

 소풍날 교실에서 아이들이 어떻게 행동하는지 상상해 볼래? 교문 밖에 서 있는 버스로 이동하기 위해 선생님은 '얘들아, 줄을 서야지.'라고 말해. 처음에 아이들은 선생님 말대로 줄을 서서 교문으로 갈 거야. 그런데 조반니가 자기 자리에서 뛰쳐나와 일라리아에게 가서 마테오를 발로 한 대 차라고 하지. 그러면 일라리아도 줄에서 빠져나와 마테오에게 가서 조반니가 시킨대로 해. 마테오는 울음을 터뜨리고는 화가 나서 아무 죄 없는 키아라에게 주먹을 날리고, 키아라는 소리를 지르며 교장 선생님에게 달려가. 그 모습을 본 다른 아이들도 모두 키아라를 따라가. 유전자들도 이 아이들처럼 행동한다고 할 수 있어.

 나는 두 종류의 '점핑 유전자(Jumping genes)'가 있다는 느낌이 들었어. 하나는 먼저 점프해서 다른 유전자들도 점프하게 만드는 유전자(조반니 같은 유전자)야. 다른 하나는 점핑 유전자가 옆에 있을 때 같이 점프하거나(일라리아 같은 유전자) 예상치 못한 행동을 하는 유전자(키아라에게 주먹을 날린 마테오 같은 유전자)야.

 이렇게 유전자들이 점프할 때 열 전체가 이상한 일을 벌일

수 있어. 위 비유에 따르면 학생들이 교문 쪽으로 가지 않고 교장실로 가는 행동으로 볼 수 있지.

나는 이렇게 여기저기 옮겨 다니는 유전자를 '이동성 유전자(Transposon, 트랜스포존)'라고 불렀어. 흥미로운 사실은 이동성 유전자로 인해 새로운 유전적 특성을 가질 수 있다는 거야.

나는 내가 본 이동성 유전자에 대해 확신이 필요했어. 동료 과학자들에게 이동성 유전자를 소개하기 전에 오류가 있는지 확인해야 했지. 그래서 몇 년 동안 옥수수 말고 다른 식물들을 심고 관찰하면서 그 식물들의 염색체도 연구했어. 그렇게 본격적인 연구를 시작했던 시점이 1944년이었고, 1950년이 되어서야 내 생각을 발표할 준비가 되어 한 과학 학술 잡지에 이동성 유전자에 대한 논문을 써서 보냈어. 과연 사람들의 반응은 어땠을까?

미치광이 여성 과학자

내 연구 결과는 생명의 신비로움을
다른 시각에서 보았기 때문에
발견한 거라고 생각해.

　내 연구 결과를 실은 논문이 발표되었지만 안타깝게도 읽은 사람은 거의 없었어. 나는 내 이론을 더 많은 사람들에게 알려야겠다고 생각했어. 그때 좋은 기회를 찾았어.

　1951년 여름에 콜드스프링하버 연구소에서 학술 토론 회의가 열려 세계 각국의 이름난 유전학자들이 한자리에 모이게 된 거야. 내 생각과 연구 결과를 소개하기 딱 좋은 완벽한 행사였지.

　학술 토론 회의는 이렇게 진행돼. 우선 발표자가 연단에 올라 자기 연구에서 발견한 내용을 연설해. 발표자가 말하는 것과 동일한 주제를 연구하는 과학자들이 주의 깊게 내용을 듣고 난 뒤, 모호하거나 의심스러운 내용을 묻거나 오류가 있을 수 있는 부분을 발표자와 함께 이야기를 나누지. 이런 의견 교환이 있어야 연구 결과가 과학 공동체 모두에게 인정받을 수 있는 거야.

나는 몹시 흥분한 상태로 연단에 올랐어. 그날 날씨가 무척 더운 편이기도 했지만, 오늘 발표는 정말 혁신적이었고 과학사에 한 획을 그을 만한 것이라고 생각했거든.

내 연구 결과를 전문가들이 어떻게 받아들일지는 알 수 없었지만 좋은 평가를 받을 거라고 확신하고 있었어. 나는 관객을 한번 훑어보았어. 관객 대부분을 알고 있었고, 그 사람들 중에는 나와 친분이 있는 사람도 많았어. 하지만 그 자리에서는 모두 심판관일 뿐이었지. 나는 목소리를 가다듬고 발표를 시작했어.

나는 내 생각을 표현하는 게 무척 서툴러. 항상 혼자 일하는 것이 몸에 익어서 사람들과 효율적으로 의사소통을 하기가 쉽지 않았어. 내 의견을 이해하기 쉽고 지루하지 않게 말하는 방법을 몰랐지. 그런 이유 때문일까? 발표를 시작한 지 얼마 되지 않았는데, 사람들의 관심이 떨어지는 것을 느꼈어.

대부분이 내게 멍한 시선을 보내고 있었어. 하품을 하는 사람도 있었고, 동료 과학자들 몇 명은 아예 졸고 있었지. 심지어 맨 앞줄에 앉은 어떤 남자는 옆 사람에게 이번 발표 주제가 뭐냐고 묻는 거야.

발표가 끝나고 질문을 받을 시간이 되었는데 객석은 조용하기만 했어. 그 누구도 내게 질문을 하지도, 쳐다보지도 않았어.

슬슬 불안한 마음이 들기 시작했지.

'사람들이 내가 말한 것을 이해하지 못했나? 아니면 이해는 했는데 관심을 기울일 만한 가치가 없다고 생각했나?'

나는 화가 나기보다는 당황스러웠어. 어떻게 이동성 유전자에 관심을 두지 않을 수 있을까? 사람들의 마음이 굳게 닫혀 있는 것 같았어. 자신들이 배우고 믿어 왔던 것과 어긋나는 지식을 받아들이지 못하는 듯했지.

사람들이 내게 이렇게 말하는 것만 같았어.

'유전자는 이리저리 뛰어다니지 않아, 매클린톡!'

다른 사람들에게 내 이론을 설명하려고 애쓰다 보니까 오히려 내가 옳다는 확신은 점점 더 커졌어. 사람들이 내 말을 들으려 하지 않아도 나는 참을성 있게 내 길을 계속 걸었어. 그 무엇도 내 생각을 바꿀 수 없었지. 나에 대해 부정적으로 말하는 사람들에게 절대 휘둘리지 않았어.

학술 토론 회의가 끝나고 수많은 유전학자들은 내가 미쳤다고 생각했어. 한번은 어느 유명한 과학자가 이런 말을 하는 것을 우연히 들은 적도 있어.

"콜드스프링하버 연구소 여기저기에 몇 년 동안 걸려 있는 오래된 가방처럼 보이네."

낡고 쓸모없어진 오래된 가방에 비유해서 내 흉을 보는 것이었어.

그 뒤로 어느 곳에서도 내게 학회를 열자는 요청을 하지 않았고, 내 연구에 대한 이야기를 꺼내려는 사람도 없었어.

어느 날 한 동료 과학자가 내게 단호하게 말했어.

"당신 연구에 대한 이야기는 한마디도 듣고 싶지 않소. 당신이 주장하는 것이 흥미로울 수도 있지만, 내가 보기에는 정신 나간 짓처럼 보입니다."

그렇게 말하는 것은 새로운 것에 대한 두려움 때문이라고 생각했기에 크게 신경 쓰지는 않았어.

이 시기에 나는 독서를 무척 많이 했어. 과학 기사뿐만 아니라 불교와 인도 문화에 대한 책도 읽게 되었지. 이때 내가 어릴 적 해변을 달렸던 달리기 방법이 티베트 승려의 수행법과 같다는 사실도 알게 되었어.

더불어 동양 철학에 대해 공부하고 생각하다가 중요한 사실을 깨달았어. 서양의 과학적 사고방식은 우리 능력을 너무나 제한시키고 있다는 사실을 말이야. 물론 서양 과학은 사물의 관계를 논리적으로 따지는 데 필요하기는 하지만 그게 꼭 진리는 아니라는 거야. 옥수수만 봐도 과학적인 사고방식으로 해결되지 않는 문제가 너무나 많았지.

과학자 대부분은 분류하고 수치로 정리하는 버릇이 있어서 예외적인 부분을 놓치고 말아. 자기들이 정해놓은 기준에서 분류가 되지 않는 것은 비정상으로 취급하지.

하지만 나는 예외적인 부분을 놓치지 않고 파고들어. 왜 다른지가 궁금하니까. 내 연구 결과는 생명의 신비로움을 다른 시각에서 보았기 때문에 발견한 거라고 생각해.

내 말이 맞다고 했잖아요

사람들은 보지는 못했어.
움직이는 유전자는 생각도 할 수 없는 것이라
보는 일 자체를 아예 거부했던 거야.
이론과 가설은 계속 변화한다는 것을
잊고 있었던 모양이야.

　유전학은 멈추지 않고 계속 발전했어. 1952년에 한 실험에서 DNA라는 분자가 유전에 결정적인 역할을 한다는 사실이 확인되었지. 이듬해 1953년에 제임스 왓슨(James Watson)과 프랜시스 크릭(Francis Crick)이 DNA 구조를 최초로 발표했어. 그 유명한 이중나선형 구조를 선보인 거야.
　나도 세상 한편에서 이 모든 소식을 듣고 있었어. 그런데 1960년에 믿기 힘든 일이 벌어졌단다. 어느 과학 잡지에서 프랑스의 과학자 자크 모노(Jacques Monod)와 프랑수아 자코브(Francois Jacob)의 논문을 읽게 되었어. 논문 내용은 대장균에 관한 것이었지.
　두 과학자는 뛰어난 성능을 가진 전자현미경을 이용해서 대장균을 관찰했고, 대장균의 유전자들이 다 똑같지 않다는 것을 발견했다는 거야. 어떤 유전자는 다른 유전자들을 통제하고 조절하는 능력을 갖고 있고, 모든 유전자가 모여 하나의 거대한 시스템을 형성하고 있다는 내용이었어.

　나는 몹시 당황스러웠어. 물론 프랑스 과학자들이 설명한 것이 내 이동성 유전자인 것은 아니지만 무척 비슷한 내용이었거든. 두 과학자가 말하는 유전자는 이동은 하지 않지만 스스로를 조직하는 능력을 갖고 있었어.

　나는 곧바로 종이와 연필을 가져와 '옥수수 유전자와 박테리아 유전자의 통제 시스템의 유사성'이라는 제목의 논문을 써서 「아메리칸 내추럴리스트(American Naturalist)」라는 학술 잡지에 보냈어.

　자크 모노와 프랑수아 자코브는 내 글을 읽고 이듬해에 콜드스프링하버 연구소로 왔어. 우리는 오랫동안 이야기를 나누었고, 두 사람은 결국 내가 옳다는 것을 인정했어.

　자크 모노와 프랑수아 자코브가 발견한 것들은 내가 10년 전에 관찰했던 거였어. 두 과학자는 생명체를 형성하는 물질의 아주 작은 부분까지 분석할 수 있게 해 준 분자생물학의 신기술 덕분에 발견할 수 있었던 거야.

　나는 두 과학자와 함께 학술 토론 회의에서 이동성 유전자를 다시 설명했고, 우리 세 사람의 관찰 결과가 어떤 유사점과 어떤 차이점이 있는지 발표했어.

　학술 토론 회의는 예전과 분위기가 사뭇 달랐어. 이번에는 객석 모두가 흥분을 감추지 못하고 있었지. 하지만 사람들의 흥미를 끈 것은 내 연구가 아니라 자크 모노와 프랑수아 자코브의 연구였어. 분자생물학은 이제 막 탄생한 학문인데도 벌써 '스타'가 되었는데, 나의 이동성 유전자는 여전히 사랑받지 못했지.

"왜 과학자들은 유전자가 이동할 수 있다는 생각을 이단이라고 여겼을까?"

내가 이미 나이가 한참 들었을 때 한 친구가 물었어.

"사람들은 자기가 믿고 있는 사실만 믿고 싶어 하니까."

"그게 무슨 말이야?"

"어떤 이론에 대해 잘 모르면서도 모두 받아들이는 사람들이 있어. 이런 사람들은 열린 마음을 가지고 새로운 지식을 받아들이지 못하지. 그러니까 당시 과학자들의 이론에서는 유전자가 절대 움직이지 않고 자유롭게 돌아다닐 수도 없었던 거야."

"하지만 그게 아니라는 걸 네가 증명해 보였잖아."

"그랬지. 하지만 그 사람들은 보지는 못했어. 움직이는 유전자는 생각도 할 수 없는 것이라 보는 일 자체를 아예 거부했던 거야. 이론과 가설은 계속 변화한다는 것을 잊고 있었던 모양이야."

1965년 자크 모노와 프랑수아 자코브는 노벨 생리·의학상을 수상했고, 나는 브룩헤이븐에서 열린 학술회에서 다시 한 번 내 연구에 대해 발표했어. 그렇지만 관객의 분위기는 여전히 차가웠어.

그런데 인생은 참 이상해. 더 이상 이동성 유전자에 대해 세상에 알리고자 노력하지 않기로 마음먹자, 내 가설이 옳다는 내용의 기사들이 유명 잡지들에 실리기 시작했어.

1960년대 말에 자크 모노와 프랑수아 자코브의 이론을 연구하던 과학자들이 염색체의 어느 한 지점에서 생성된 DNA의 부분들이 다른 지점으로 이동하면서 유전자에 변화가 일어난다는 사실을 알게 되었다고 했어. 내가 옥수수 염색체에서 관찰한 것과 같았지.

1970년대 초반에는 살모넬라균이라는 박테리아에서도 유전자가 이동할 수 있다는 사실이 밝혀졌어. 하지만 처음에 과학자들은 이동성 유전자가 아주 희박해서 그다지 중요하지 않다고 생각했대.

그러다가 1970년대 말에 접어들자 이동성 유전자들을 통해 여러 종류의 유전적 변화를 설명할 수 있게 되었어. 더불어 박테리아와 같은 단순한 생명체하고만 관련이 있는 것이 아니라 노랑초파리같이 조금 더 복잡한 생물체에서도 이동성 유전자를 찾아볼 수 있다는 것을 알게 되었지.

유전자는 이동하지 못하는 것이 아니며, 유전자의 이동으로 진화는 물론 정상적인 세포가 암세포로 변화되는 것 등을 설명할 수 있게 된 거야.

내 이동성 유전자가 결국 인정을 받았다고 해서 내 인생이 달라진 것은 아니지만, 그래도 좋은 점이 있었어. 이제까지 내게 재앙만 안겨 주었던 연구로 여러 과학상을 받게 된 거야. 어떤 상은 상금도 있었어. 그렇게 많은 돈은 난생처음 가져 보았지.

상금으로 새 자동차를 사고, 오랫동안 살던 방 두 개짜리 집보다 조금 더 큰 아파트를 장만했어. 이사를 했다고 멀리 간 것은 아니고 아침마다 출근하는 연구소 근처에 집을 구했지. 내가 유명해진 바람에 연구소의 전화가 너무 자주 울리지만 않았다면 더 행복했을 것 같아.

그러던 어느 날 한 부인이 나를 찾아왔어. 이블린 폭스 켈러(Evelyn Fox Keller)라는 과학 철학자였어. 인터뷰를 요청하면서 내 이야기를 책으로 쓰고 싶다고 했지. 과학이라는 울타리 안에서 여성 과학자들이 느꼈던 어려움이나 소외감 그리고 반대로 여성 과학자이기에 할 수 있는 새로운 시각이 궁금하다는 거야. 나 외에도 몇몇 여성 과학자들을 찾아다니는 모양이었어. 설마 나 같은 사람의 인생에 관심을 가질 사람이 있을까

싶어 처음에는 거절했지.

"선생님이 선택한 인생에서 겪은 어려움과 그것을 어떻게 극복했는지 들려주세요. 그 이야기는 과학자를 꿈꾸는 여성들에게 커다란 도움이 될 거예요."

이블린이 나를 설득하려 애쓰며 말했어.

"그 어떤 여성에게도 도움이 될 것 같지 않은데요. 안 그런가요? 전 평생 남들과 달랐어요. 여성의 본보기라고 생각하기에는 너무 비정상이었죠. 전 결혼도 하지 않았고 제 외모를 가꾸는 데 요만큼의 관심도 가져 본 적이 없어요. 귀걸이나 목걸이를 하지도 않고 미장원도 가지 않고 우아한 옷 대신 항상 편하고 낡은 바지만 입고 다니고 화장도 하지 않아요."

"바로 그런 점 때문에 매클린톡 선생님의 이야기가 흥미로운 거예요. 선생님이 지나온 세월을 돌이켜 보면 여성이 과학을 한다는 사실조차 이상한 시선으로 바라봤던 때였잖아요. 게다가 선생님은 어떤 기술적 도움에도 의존하지 않고 온전히 홀로 과학 성과를 이루셨고요. 일찍이 이동성 유전자를 밝혀냈지만 오랫동안 인정받지 못했지요. 그렇지만 남성 과학자들 틈에서 묵묵히 선생님의 길을 걸어오셨죠."

"뭐, 언젠가는 밝혀질 일이었으니까요."

"제가 생각하기에 선생님의 연구 업적은 바로 남들과는 다른 개성이 이루어 낸 결과라고 생각해요. 물론 그것 때문에 오

래도록 힘든 길을 걸어오셨지만요. 선생님의 남다른 성품이 연구에 어떤 영향을 주었는지, 그리고 여성이기에 어떤 시각으로 과학에 접근할 수 있었는지 반대로 어떤 한계가 있었는지를 고스란히 담으려고 하는 거예요."

나는 이블린의 말에 마음이 기울어져서 조금 더 이야기를 나눠 보기로 했지.

"생명체의 비밀을 연구하게 된 계기가 무엇인가요?"

"생명체의 비밀을 알아내려면 무엇보다 그 생명체와 하나가 되어야 해요. 어떻게 성장하는지 알아야 하고 생명체의 모든 부분을 직접 봐야 하고 언제 어떤 문제가 일어나는지도 파악해야 하죠. 생명체는 플라스틱 조각이 아니에요. 우리 환경 속에 계속 존재하면서 성장하고 조금씩 변화하지요. 그 변화 과정을 세세히 살피며 따라가야 해요."

"그런데 묘목 하나하나를 어떻게 다 알아보시죠? 참 신기해요."

"묘목들이 서로 다 달라서 관찰만 잘 하면 돼요. 나는 내 옥수수 한 그루, 한 그루를 다 알아보는데, 가까이 다가가서 확인할 때마다 기분이 굉장히 좋아져요. 나는 잎사귀 하나가 다쳤다면 바람이 불어서 찢어진 것인지 벌레가 베어 물어 그런 것인지 알아볼 수 있어요. 그렇게 내 식물에 대해 많은 것을 알고 있어서 다른 사람들에게는 눈에 띄지도 않는 신호를 해석

할 수 있는 거예요."

 나는 인터뷰에 점점 익숙해져 갔어. 우리 대화는 무려 다섯 시간 동안 계속되었는데 솔직히 즐거운 시간이었지. 이블린의 질문에 하나하나 답을 하면서 내 인생에 대해 깊이 생각해 보게 되었거든.

 1983년 10월 10일 아침이었어. 우리 집에는 전화기가 없었어. 방해를 받고 싶지 않아서 일부러 전화기를 설치하지 않았거든. 만일 전화기가 있었다면, 그 소식을 누군가 알려 줬을지도 몰라.
 잠에서 깬 나는 평소와 다름없이 뉴스를 들으려고 라디오를 켰어.
 "바버라 맥클린톡 씨가 노벨 생리·의학상을 수상했습니다."
 그런데 갑자기 한 기자가 내 이름을 말하는 소리가 들리는 거야.
 "세상에!"
 내가 할 수 있는 말은 그것뿐이었어.
 내가 과학자들에게 커다란 영광인 노벨상을 받다니! 게다가 공동 수상도 아니고 단독으로 생리·의학상을 수상한 최초의 여성이었지.
 "노벨상을 받았다고 늘 하던 일을 안 할 수는 없지."

수상 소식을 듣고 나는 그렇게 중얼거렸어. 그리고 평상시와 다름없이 아침 운동을 하고 늘 입는 편한 바지와 셔츠에 작업용 신발을 신고 밖으로 나갔단다.

노벨상을 받고 나서

　노벨상 수상 소식이 발표된 이튿날, 나는 집 밖으로 나가기가 몹시 꺼려졌어.
　'사람들이 나를 알아보고는 가던 길을 멈추고 축하 인사를 하거나 무엇인가를 물으면 어떡하지?'
　나는 지금껏 그래 왔던 것처럼 그냥 편하게 지내고 싶었어. 수상을 계기로 유명해진다면 오히려 무척 성가시게 느껴질 것 같았거든.
　'변장을 해야겠어.'
　몇 년 전에 사 두고 한 번도 써 보지 못한 낡은 가면을 떠올렸어. 이번에야말로 그 가면을 써 볼 기회라고 생각했지. 나는 옷장에서 가면을 꺼내 머리 뒤를 고무줄로 고정해서 쓰고 의기양양하게 밖으로 나갔어.
　가짜 수염에 커다란 안경, 그리고 지나치게 코가 큰 그 가면을 쓰면 아무도 나를 못 알아볼 줄 알았던 거야. 하지만 내 착각이었어.

　사람들은 모두 나를 알아보았고 여기저기서 축하 인사를 건넸어. 그리고 별별 사람들이 나에게 다가왔지. 인터뷰를 하러 온 방송국, 나에 대한 기사를 쓰고 싶다는 여러 기자들과 내가 어릴 때 알고 지냈는데 다시 연락하고 지내자는 사람들, 유전학에 대해 묻고 싶은 게 있다는 사람들, 그리고 무작정 경제적인 도움을 요청하는 잘 알지 못하는 사람들까지 말이야.

　몇 년 전까지 찾아오는 사람이 단 한 명도 없던 나에게 관심이 쏟아지는 것이 낯설기만 했어.

　'아! 정말이지. 귀찮아. 제발 날 좀 내버려 두라고!'

1983년 12월 8일, 여든한 살의 바버라 매클린톡이 작업복에 낡은 구두 차림으로 노벨 생리·의학상을 수상했다. 기자 회견에서 매클린톡은 쭈뼛거리며 수상 소감을 밝혔다.

"나 같은 사람이 노벨상을 받는 것은 불공평한 일입니다. 옥수수를 연구하는 동안 나는 모든 기쁨을 누렸거든요. 옥수수가 해답을 알려 준 덕분에 이미 충분한 보상을 받았습니다."

그리고 매클린톡은 계속되는 기자들의 질문에 다음과 같이 대답했다.

"아무리 심하게 비난을 해도 나는 그 사람들을 탓하지 않았습니다. 내 경험을 충분히 이해하지 못했으니까요. 그저 내 생각이 틀림없다는 확신이 있었기 때문에 나는 어떤 조롱도 견딜 수 있었지요. 시간이 지나면 밝혀질 일이라고 생각했거든요."

장면 밖 이야기

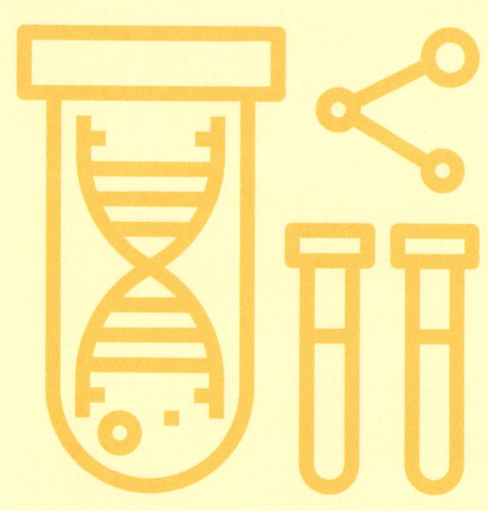

★ 바버라 매클린톡을 만나다
★ 7가지 과학 키워드로 보는 바버라 매클린톡의 삶

바버라 매클린톡을 만나다

? 아무도 몰랐던 '이동성 유전자'를 어떻게 발견하게 되었나요?

바버라 매클린톡 나는 유전학을 연구하기 위한 대상으로 옥수수를 선택했어요. 옥수수를 직접 심고 기르고 수확했으며, 매일 현미경을 들여다보며 옥수수 염색체를 빠짐없이 관찰하고 기록하면서 분석했지요. 옥수수에 관해서는 모르는 것이 없을 정도였답니다. 옥수수 농장과 연구실을 오가며 연구에 몰입하다 보니 자연스럽게 옥수수라는 생명체에 푹 빠져들었고, 옥수수라는 생명 현상을 온전히 이해하게 되었지요. 그렇게 아무도 보지 못했던 자연의 규칙을 보게 된 거예요.

"우리는 세상을 바라볼 때 자신의 생각으로 바라봅니다. 아는 만큼 보인다는 말이지요. 그래서 우리는 더 많이 알아야 한다고 생각해요. 더 많이 알수록 더 넓은 세상을 볼 수 있을 테니까요."

? '이동성 유전자'를 처음 발표했을 때 아무도 믿지 않았고, 30년이 지난 뒤에야 인정을 받았지요. 그렇게 오랜 시간 동안 흔들리지 않고 연구를 계속할 수 있었던 까닭은 무엇인가요?

! <u>바버라 매클린톡</u> 당시 학계에서는 유전자가 고정되어 있다고 생각했어요. 그런데 내가 옥수수 세포 속 유전자 가운데 원래 자리에서 벗어나 이리저리 옮겨 다니는 유전자를 발견했다고 말한 것이지요. 내 연구 결과에 아무도 관심을 가져 주지 않았어요. 기존 개념에서 완전히 벗어났기 때문에 받아들여지지 않았지요. 물론 처음에는 충격을 받았어요. 케케묵은 사고방식에 갇혀 있는 과학자들에게 실망했지요. 하지만 나는 마음을 다잡고 지금껏 했던 방식대로 연구를 계속하기로 했어요. 나는 내 이론이 틀리지 않았다는 믿음을 가지고 있었거든요. 연구를 계속하면서 그 믿음은 오히려 굳건해졌지요.
"나를 믿는 마음이 중요해요. 시간이 오래 걸려도 내 방식대로 묵묵히 밀고 나갈 수 있는 뚝심을 가져야 해요."

? 새로운 발견을 하려면 어떤 마음가짐으로 관찰해야 할까요?

! 바버라 매클린톡 "선입관을 버려야 해요."
굳은 생각을 가지고 대상을 바라보면 굳은 생각만큼만 관찰하게 돼요. 내가 새로운 이론을 내세워도 받아들여지지 않았던 것은 선입관 때문이었어요. 제대로 관찰하기 위해서는 넓은 마음을 가지고 현명한 눈으로 지켜봐야 해요.

"인내심을 가져야 해요."
관찰은 말 그대로 자세히 보는 거예요. 대상을 제대로 빠짐없이 보기 위해서는 오랜 시간을 기다려야 하고, 그만큼 인내심이 필요하지요.

"대상에 몰입해요."
나는 옥수수를 관찰하다가 옥수수와 하나가 된 듯한 경험을 했어요. 나 자신을 잊어버릴 정도였지요. 그렇게 몰입해서 관찰한다면, 대상을 사랑하게 되고, 원하는 답을 얻을 수 있을 거예요.

? '여성'이었기에 받았던 차별과 편견을 어떻게 극복했나요?

! <u>바버라 매클린톡</u> 내가 과학자로 활동했던 시기에, 여성 과학자는 드물었어요. 당시 사람들은 여성이 과학을 공부한다는 것뿐만 아니라 사회생활을 한다는 것 자체를 이상하게 바라보았지요. 게다가 나는 결혼을 하지 않기로 마음먹었기에 아주 이상한 사람으로 취급받았어요. 맞아요. 나는 남달랐어요. 이른바 괴짜였지요. 하지만 다르게 말하면, 나는 내가 원하는 길을 가고자 했던 독립적인 여성이었어요. 그렇게 좋아하는 학문에 몰입하며 살았기에 행복한 삶을 살았다고 생각해요.

한번은 이런 일이 있었어요. 1944년에 미국에서 명성이 높은 과학자 집단인 국립과학아카데미에 정식 회원으로 뽑혔지요. 여성 과학자로서는 내가 세 번째였고, 무척 영광스러운 일이었어요. 당시 유전학자 동료가 축하한다는 편지를 보내왔어요. 그 편지에 답장을 보냈는데, 이런 말을 적어 넣었지요.

'유대인이나 흑인 그리고 여성은 워낙 사회적인 차별에 익숙해져 있어서, 다른 사람들한테 정당한 대접을 받겠다는 욕심이 별로 없습니다. 저는 여성의 권리를 주장하는 운동가는 아니지만, 그래도 이번 일처럼 차별의 벽이 무너지는 사건을 접할 때마다 마음이 벅차오릅니다. 이런 일들은 우리 모두에게 진정한 힘을 줍니다.'

그 뒤 여성 최초로 미국 유전학회 회장으로 뽑혔어요. 그리고 모두가 알다시피 노벨 생리·의학상을 받았지요. 그 분야에서는 여성 단독으로 최초였지요. 이런 업적들이 자랑스럽기도 하지만, 무엇보다 여성 과학자로서 미래의 여성 과학자들한테 좋은 본보기가 된 듯하여 기쁘답니다.

"차별과 편견에 무너지지 말고, 자신이 올곧다고 생각하는 길을 걸어요."

7가지 과학 키워드로 보는
바버라 매클린톡의 삶

유전학
생물의 각종 형태나 성질이 부모에서 자식으로 어떻게 전해지는지, 그리고 어떻게 나타나는지를 연구하는 학문이에요.

1902년에 태어난 바버라 매클린톡은 1919년 코넬대학교에 들어가 유전학을 공부하기 시작했어요.

멘델의 법칙
멘델(Gregor Mendel)은 완두로 교배 실험을 해서 한 세대에서 다음 세대로 특성이 전해질 수 있다는 새로운 유전 법칙을 1865년 논문을 통해 발표했어요. 당시에는 인정받지 못했지만, 이후에 연구가 활발해지면서, 멘델의 법칙이 재발견되었고 유전자라는 개념을 처음 확립한 이론으로 세상에 널리 알려졌어요.

멘델이 완두로 실험했듯이 바버라 매클린톡은 옥수수로 실험했고, 1931년 해리엇 크레이턴과 함께 염색체들이 유전 물질과 정보를 교환한다는 논문을 발표했어요.

콜드스프링하버 연구소

1890년에 문을 연 연구소로, 유전학과 분자생물학으로 명성이 높아요. 이 연구소에서 바버라 매클린톡이 이동성 유전자를 발견했어요. 또한 프랜시스 크릭과 함께 DNA 이중나선형 구조를 밝혀내 노벨 생리·의학상을 탄 제임스 왓슨이 1968년부터 40년간 연구소를 이끌었어요.

1941년 바버라 매클린톡은 콜드스프링하버 연구소로 가서 옥수수를 직접 재배하며 유전학 연구에 몰두했어요.

국립과학아카데미

과학 분야에서 뛰어난 학자들로 구성된 조직으로, 과학 발전에 큰 역할을 하고 있어요. 1863년 링컨 대통령의 승인으로 설립되어 미국 정부에서 요구하는 과학 기술 문제에 대해 조사·연구·실험하여 그 결과를 알려 주고, 과학 정책에 대해 상담해 주기도 해요.

1944년 바버라 매클린톡은 여성으로서는 세 번째로 국립과학아카데미 정식 회원으로 뽑혔고, 여성 최초로 미국 유전학회 회장이 되었어요.

이동성 유전자

바버라 매클린톡은 유전자가 옥수수의 모양과 색깔에 어떻게 영향을 주는지 연구했어요. 그러다가 한 세포에서 특정 유전자가 사라졌는데, 그 유전자가 다른 세포에서 나타나기도 한다는 사실을 알게 되었지요. 그렇게 옥수수 세포 속의 유전자 중 원래 자리에서 벗어나 여기저기 옮겨 다니는 유전자를 발견한 거예요.

1950년 바버라 매클린톡은 이동성 유전자에 관한 논문을 발표했고, **1951년** 콜드스프링하버 연구소의 학술 토론 회의에서 연구 결과를 발표했어요.

자크 모노와 프랑수아 자코브

프랑스 과학자 자크 모노와 프랑수아 자코브는 오페론(Operon) 이론으로 1965년 노벨 생리·의학상을 받았어요. 오페론 이론에 의하면 유전자들은 언제나 각자 독립적인 것이 아니라 경우에 따라 세포 안에서 통합적으로 작용하여 스스로 조절한다고 해요. 오페론 연구 결과는 바버라 매클린톡의 이동성 유전자가 존재한다고 확인해 주는 데 중요한 역할을 했어요.

1965년 바버라 매클린톡은 코넬대학교 명예 교수가 되었어요.

노벨 생리·의학상

다이너마이트를 발명한 노벨이 기부한 유산으로 노벨재단이 설립되었고, 1901년부터 매년 인류 복지에 공헌한 사람이나 단체에게 노벨상을 줘요. 그 가운데 생리·의학상은 스웨덴 최고의 의학 연구 기관인 카롤린스카 의학 연구소에서 주관하여 심사해요. 보통 과학 연구는 과학자들이 함께 진행하는 경우가 많아서, 노벨 생리·의학상에서도 공동 수상자가 많았어요. 바버라 매클린톡은 여성 단독으로는 첫 번째로 노벨 생리·의학상을 받았어요.

1983년 바버라 매클린톡은 노벨 생리·의학상을 받았어요.

옮긴이 김현주

한국외국어대학교 이태리어과를 졸업하고, 이탈리아 페루지아 국립대학과 피렌체 국립대학 언어 과정을 마쳤습니다. 현재 번역 에이전시 허니브릿지에서 출판기획 및 전문 번역가로 활동하고 있습니다. 『바다를 존중하세요』 『소에게 친절하세요』 『씨앗이 있어야 우리가 살아요』 등 여러 책을 우리말로 옮겼습니다.

추천 송기원

연세대학교 생화학과에서 학사 학위를, 미국 코넬대학교에서 생화학 및 분자유전학 박사 학위를 받았습니다. 미국 밴더빌트대학교 의과 대학의 박사 후 연구원을 거쳐 1996년부터 연세대학교 생명시스템대학 생화학과 교수로 있습니다. 생명 과학에 관한 사회적·윤리적 문제에도 관심이 많아 문제를 공유하는 교수들과 연세대학교에 '과학기술정책(STP)' 전공을 개설했습니다. 쓴 책으로 『송기원의 포스트 게놈 시대』 『생명』 『생명 과학, 신에게 도전하다』(공저) 『과학은 논쟁이다』(공저) 등이 있습니다.

여성 유전학자 바버라 매클린톡의 생각
옥수수를 관찰하세요

초판 1쇄 2019년 3월 5일 | 초판 3쇄 2020년 5월 15일

글쓴이 크리스티아나 풀치넬리 | 그린이 알레그라 알리아르디 | 옮긴이 김현주 | 추천 송기원
펴낸이 김찬영 | 편집 김지현, 이송이, 백모란 | 펴낸곳 책속물고기
출판등록 제2009-000052호 | 주소 경기도 파주시 문발로 115, 2층 202호 (문발동, 세종출판벤처타운)
전화 02-322-9239(영업) 02-322-9240(편집) | 팩스 02-322-9243
책속물고기 카페 http://cafe.naver.com/bookinfish | 전자메일 bookinfish@naver.com
ISBN 979-11-6327-021-8(73990)

이 도서의 국립중앙도서관 출판예정도서목록(CIP)은 서지정보유통지원시스템 홈페이지(http://seoji.nl.go.kr)와 국가자료공동목록시스템(http://www.nl.go.kr/kolisnet)에서 이용하실 수 있습니다. (CIP제어번호: CIP2018041683)

*이 책의 내용을 쓰고자 할 때는 저작권자와 출판사 양측의 허락을 받아야 합니다.
*잘못된 책은 바꾸어 드립니다.
*값은 뒤표지에 있습니다.

KC	품명 아동 도서	제조일 2020년 5월 15일
	사용연령 10세 이상	제조처 책속물고기
	제조국 대한민국	연락처 02-322-9239
	주소 경기도 파주시 문발로 115, 2층 202호(문발동, 세종출판벤처타운)	
	주의사항 종이에 베이거나 긁히지 않도록 조심하세요. 책 모서리가 날카로우니 던지거나 떨어뜨리지 마세요.	
	KC마크는 이 제품이 공통안전기준에 적합하였음을 의미합니다.	

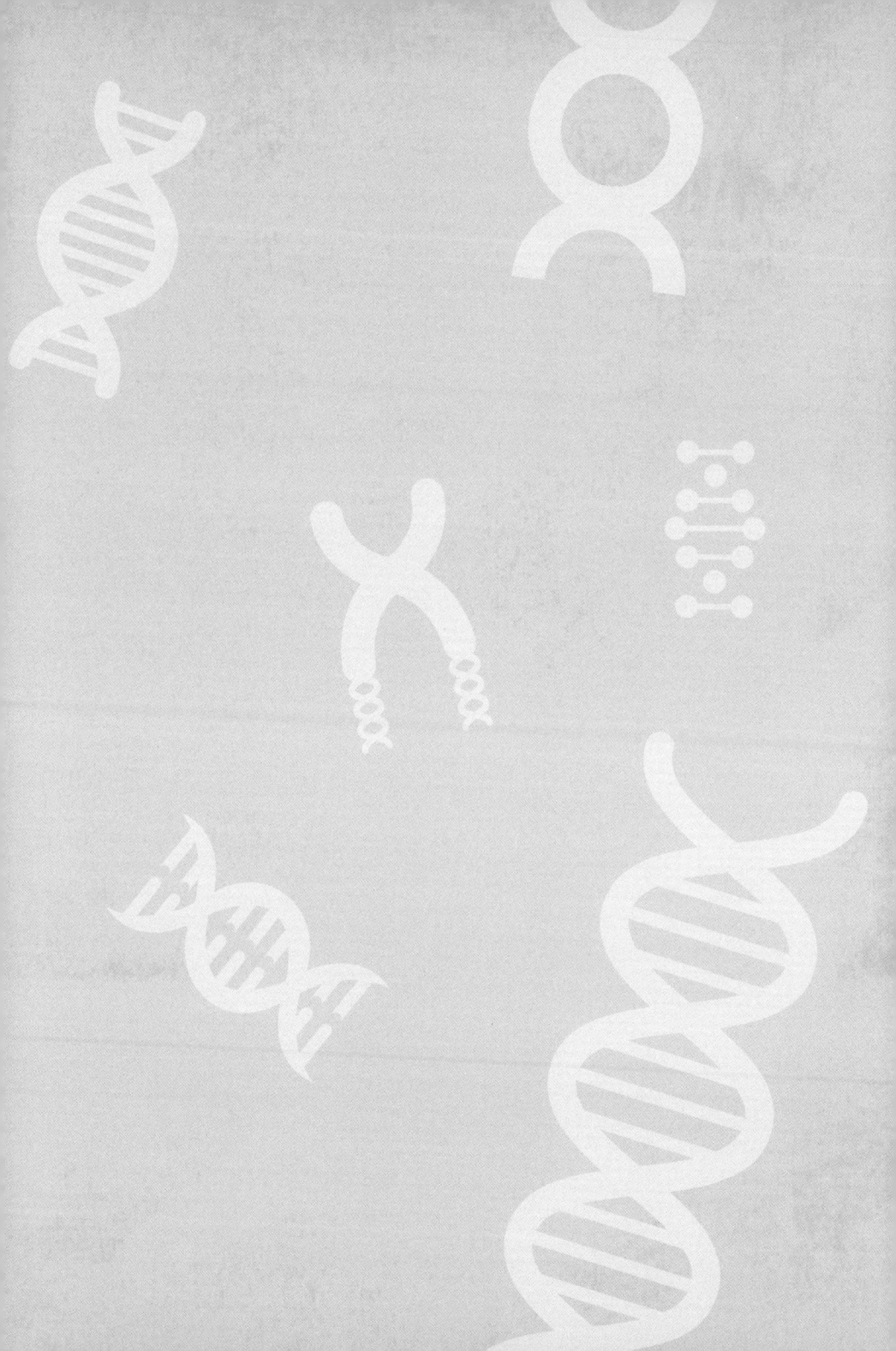

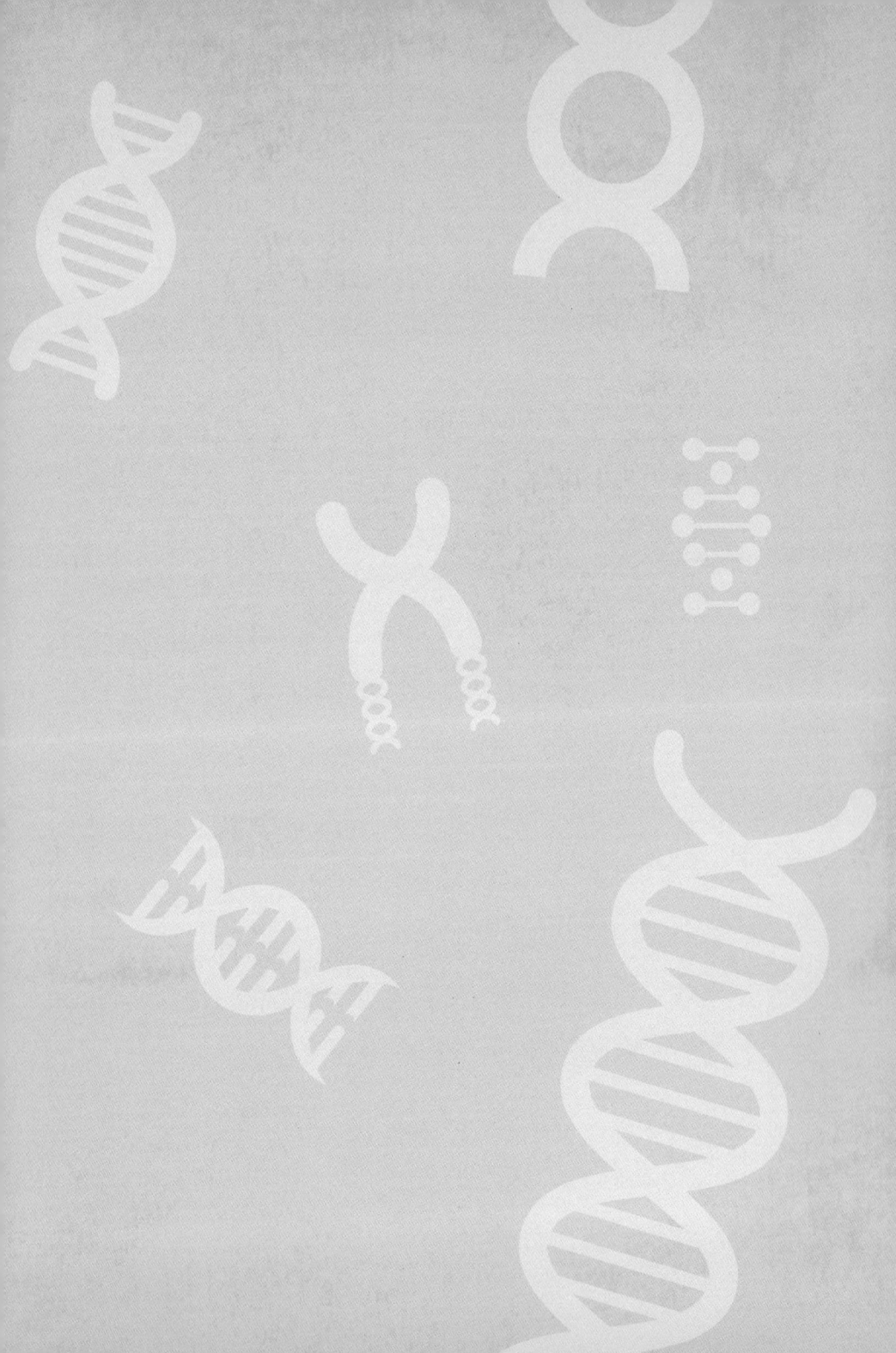